思想觀念的帶動者

文化現象的觀察者

本土經驗的整理者

生命故事的關懷者

麻醉醫師的多重宇宙

從行醫到育醫，陳宗鷹教授的醫者人生

陳宗鷹——主述
吳宛霖——撰文

人醫身影

成長軌跡

陳宗鷹從小熱愛棒球，小六時還入選彰化少棒代表隊。

陳宗鷹的母親抱著四個月的他合照。

童年時，全家一起去掃墓。左起陳宗鷹、哥哥陳宗位、媽媽陳巫玉蘭、爸爸陳森林和姑姑。

就讀建國中學時與同學合影。陳宗鷹（中）在高三選組後成績一度落下，所幸高二時的好友鄭明璜（右一）借他班上的化學筆記，給他很大的幫助。

大學畢業後，到成功嶺受訓照。

從彰化北上到建國中學讀高中的陳宗鷹，假日返家仍幫忙父親務農。圖爲他陪著父親騎機車野狼 125 幫忙運送鳳梨。

對各種球類都很擅長的陳宗鷹，大學和同班壘球隊同學在球賽時合影。陳宗鷹爲前蹲者第二排左三。

成長軌跡

考上臺北醫學大學醫學系後，陳宗鷹與大學一起租屋的室友合影：左起曾愷平、張東杰、陳宗鷹、施長慶。

大學時到快樂兒童中心擔任義工，陪伴許多弱勢的孩子，成爲陳宗鷹最美好的回憶。圖爲陳宗鷹（後排戴草帽者）陪孩子們參觀中影文化城。

曾受他人幫助的陳宗鷹（右圖中排黃外套），讀醫學系時也盡力付出自己的力量，到福民社區輔導孩童、帶著他們打球。

家庭生活

陳宗鷹醫學系畢業時，父親因病洗腎無法參加，他特地將學士袍帶回給父親陳森林穿上。

陳宗鷹大一時參與口湖服務隊，認識了護理系同學曾敏華，爾後成為彼此扶持的終身伴侶。

陳宗鷹全家福，2012 年。端坐者為母親陳巫玉蘭，左起：陳宗鷹、大哥陳宗位、二姐陳姚色、大姐陳令珠、小弟陳映良、小妹陳姚光、大妹陳姚里。

2010 年在花蓮慈院宿舍慶祝小兒子曾昶深（右二）十四歲生日。

大兒子陳俊閣高雄醫學大學運動醫學系畢業時，陳宗鷹特地去參加畢業典禮。

陳宗鷹與妻子曾敏華參加小兒子曾昶深在靜思精舍的醫學生受袍典禮。

赴美進修

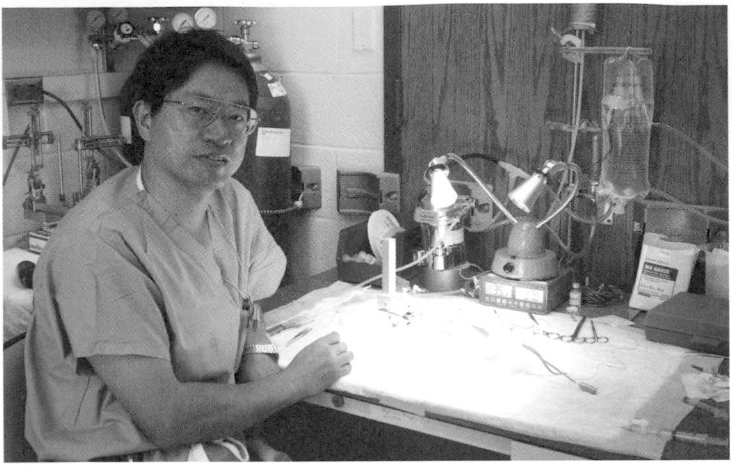

陳宗鷹是臺灣第一位赴美學習神經麻醉的專科醫師，圖爲他在約翰霍普金斯大學附設醫院的實驗室，做神經保護的動物實驗。

陳宗鷹與他在美的指導教授馬瑞克・亞歷山大・麥斯基（Marek Alexander Mirski, M.D., Ph.D.）合影。

在美國的冬天，住宿公寓一走出來就是全家人一起玩雪的地方。

陳宗鷹離開成功大學附設醫院前往花蓮前，成大麻醉部的好友們為他送行。左起葉富欽醫師、陳美惠女士、行政祕書林幸伶、陳宗鷹醫師、陳威豪醫師、王立楷醫師、籃國懋醫師、曾稼志醫師、蔡東穎醫師。

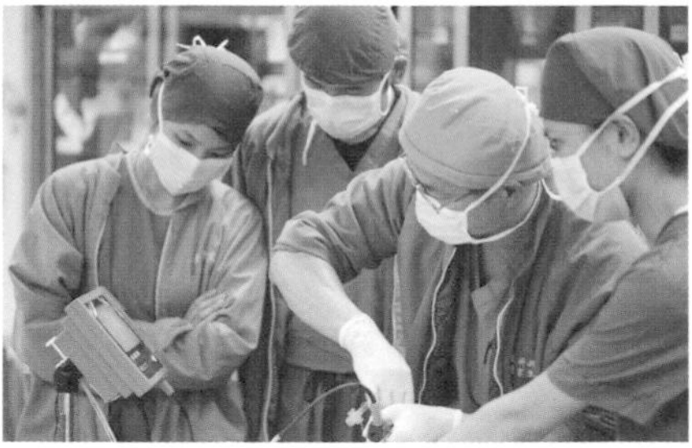

陳宗鷹（右二）教學示範 —— 使用內視鏡插管。

2007 年陳宗鷹邀請康乃爾大學的王迎椿醫師（右二站立者）擔任客座教授，在東區麻醉月會中示範教學。

2007 年，花蓮慈院主辦「臺灣麻醉醫學會 51 周年年會」，陳宗鷹（左一）邀請恩師張傳林教授（中）前來演講。左二爲大林慈院麻醉部賴裕永主任、右起爲花蓮慈院黃顯哲醫師、成功大學附設醫院曾稼志醫師。

這場深具意義的麻醉醫學年會，陳宗鷹特地邀請約翰霍普金斯醫院麻醉部的麥斯基主任（Mirski）前來花蓮指導，並與花蓮慈院麻醉科醫師合影，左起李佳玲醫師、麥斯基醫師、王柏凱醫師、陳律霖醫師。

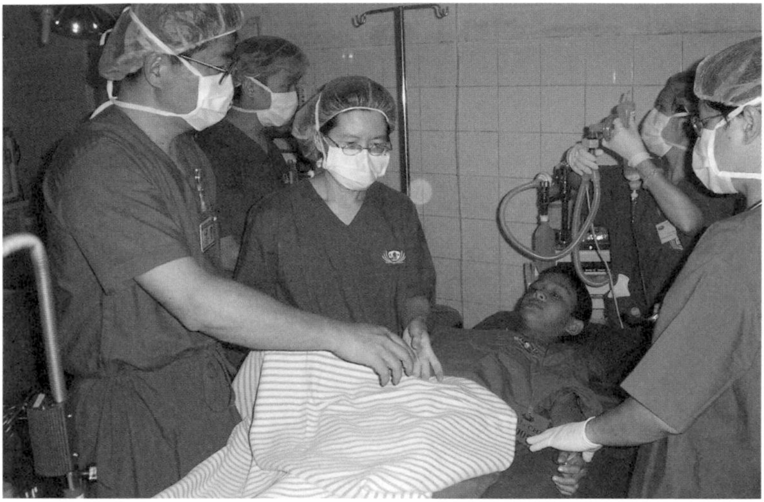

2005 年，陳宗鷹（左一）擔任印尼亞齊醫療團團長，與慈濟人醫會於亞齊海嘯過後前往義診，一天內即進行高達一百臺的手術麻醉。

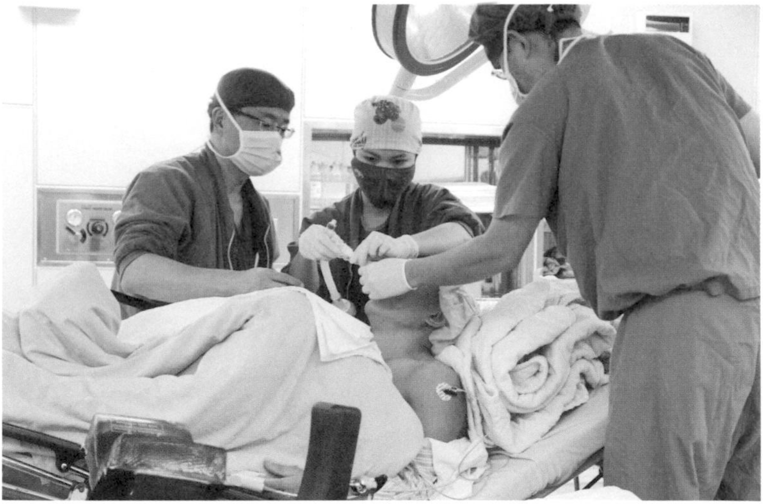

2013 年，陳宗鷹（左一）在花蓮慈院爲廈門僵直性脊椎炎病患楊曉東進行困難麻醉。

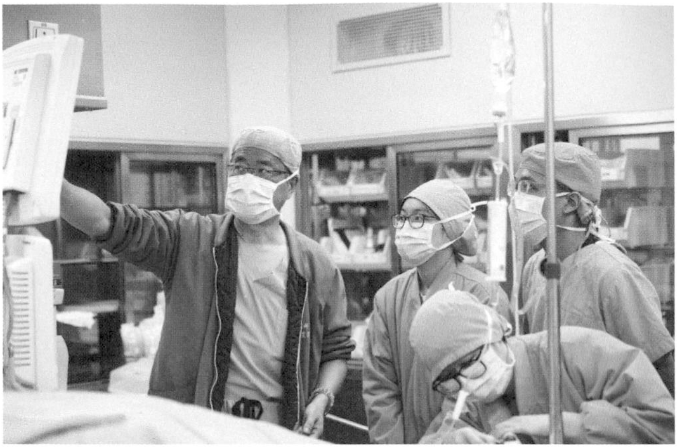

陳宗鷹教導學生如何執行「術中神經監測」，螢幕上若有波形表示神經功能正常；若趨於平緩則可能術中神經受到傷害，必須格外小心。

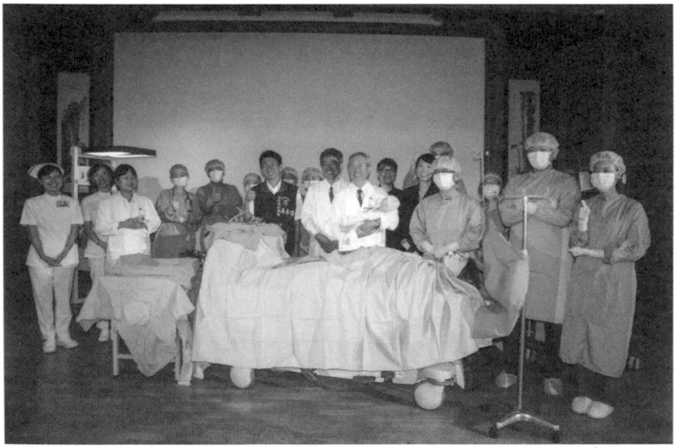

花蓮慈院教學部購入高階電子產婦模擬人，並與花蓮縣消防隊合作，協助隊員各項急救訓練。圖爲訓練急救隊員如何幫急產婦接生的記者會。

參加國際研討會時，陳宗鷹總是盡量帶學生前往學習、增廣見聞。圖爲 2010 年他帶著當時的住院醫師鄭偉君和藍慶鴻參加美國麻醉醫學會年會。

時任醫學系主任的陳宗鷹，與學生關係緊密，圖爲與慈大 99 級醫學生授袍大合照。

總是將學生放第一位的陳宗鷹，在系聯歡或運動場上，都可以看到他與學生打成一片的身影。

系聯歡主持群合影。

深受學生喜愛的陳宗鷹（右二）與醫學系畢業生合影。

陳宗鷹（左五）帶教學團隊和醫學生到瑞士參加 2018 歐洲醫學教育年會（AMEE），花蓮慈院醫護、藥師、慈人教師及學生合影。

陳宗鷹（右一）帶領醫學生參加 2018 亞太醫學教育年會（APMEC），與花蓮慈院教學部謝明蓁主任（左一）以及醫學生們於發表的海報前合影。

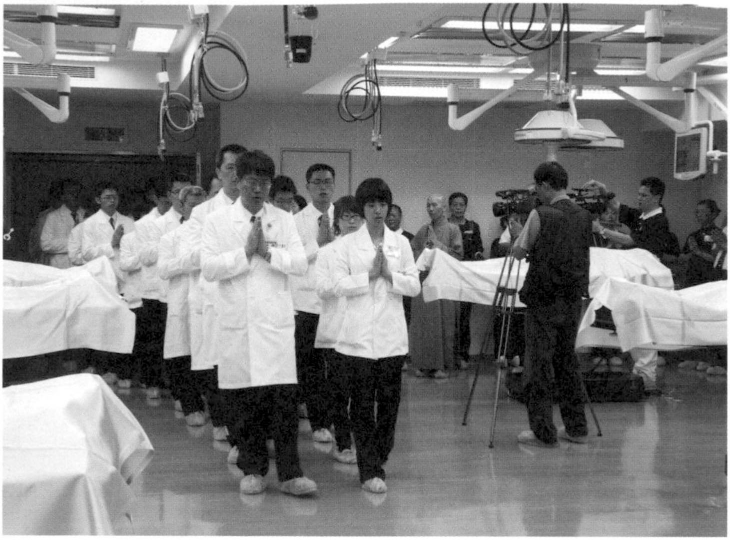

大體解剖及大體模擬手術，是慈濟醫學教育教導學生如何表達對「人」的感恩與尊重，非常重要的課程，從啟用到送靈，陳宗鷹帶著醫學生全程參與。

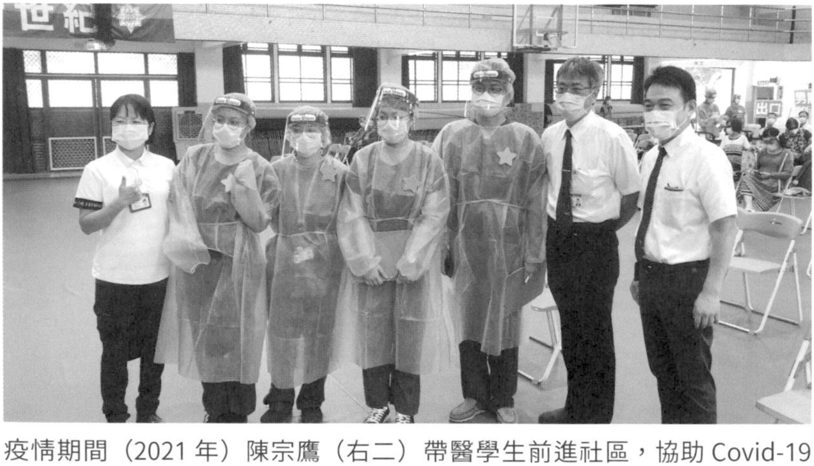

疫情期間（2021 年）陳宗鷹（右二）帶醫學生前進社區，協助 Covid-19 疫苗施打，關懷現場民眾並衛教。

2017 年，慈大醫學系獲醫學院評鑑委員會（TMAC）評鑑全面通過，評鑑結束當天正是陳宗鷹生日，同仁們為他慶生並請太太陪他切蛋糕，讓他喜極而泣。

2019 年，陳宗鷹獲得花蓮縣醫療奉獻獎，也是首位以醫學教育受到肯定的獲獎者。

意外的旅程

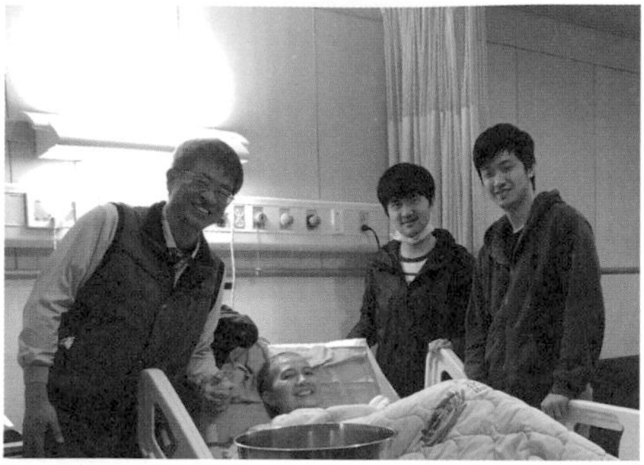

2020 年初，妻子從大林慈院轉回花蓮慈院，當年的除夕夜全家在病房團圓。

曾敏華大病初癒後，已是「慈誠」的陳宗鷹，再度陪著資深環保志工的敏華一起培訓，兩人受證成爲慈濟委員。

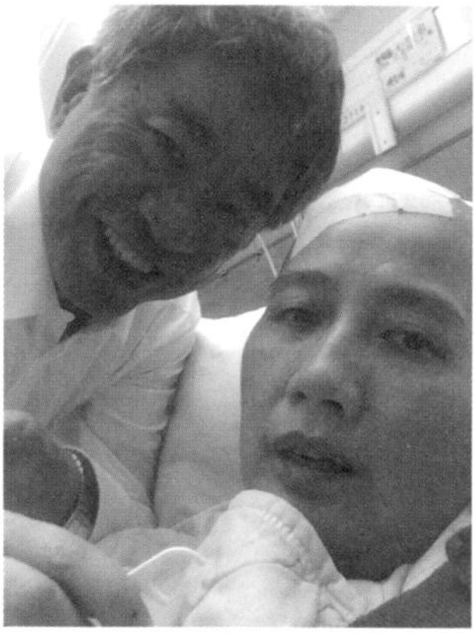

2019 年 12 月，陳宗鷹的妻子曾敏華因腦動脈瘤破裂而昏迷，幸運甦醒後，他深感對妻子虧欠，更加珍惜家人。

相信教育能翻轉孩子命運的陳宗鷹，2023 年邀國中同班同學謝進國醫師一起回饋母校，在彰化田中高中（前田中國中）設置「靜思閱讀書軒」，陳宗鷹在 500 本好書環繞的書軒內，爲學弟妹們講解證嚴法師的故事和精神。

愛的漣漪 生生不息

靜思書軒啟用當天，陳宗鷹和妻子帶著母親（中）返回母校，母親甚爲歡喜，以兒子爲榮。

目錄

推薦序

自序

第1部

田中青年養成記

第2部 麻醉專業之路

第3部

東部麻醫生活

第4部

用一切奉獻醫學教育

目錄

推薦序

有水牛精神的醫學教育鳳凰

林啟禎（國立成功大學醫學院教授、財團法人醫院評鑑暨醫療品質策進會前董事長）

陳宗鷹院長是我的好朋友，也是一位有共同美好回憶的好夥伴。每次介紹給新朋友認識，我都會提到多年前他在成大醫院英勇表現的一段故事。在一場壘球的冠軍賽中，我擔任投手，宗鷹擔任三壘手，終局下半我隊領先一分，對方兩出局卻滿壘又輪到四番強棒打擊，只要一個安打就足以翻轉戰局。不能保送的情況下，我投出正中好球，對方把球打得扎實，朝著三壘線邊而去，根據經驗至少是二壘安打，我心想糟糕了！回頭只見來不及用左手手套接球的宗鷹，用右手空手把球擋下，撿起來踩三壘結束比賽，為我們贏得冠軍。當下我不知道宗鷹的手，腫痛多嚴重？有沒有骨折？我只記得他用一向開朗的笑容，英雄不是他似地與大家擊掌慶功。

這就是我所認識的陳宗鷹院長，永遠默默接受挑戰，並出乎意料成功地完成任務，從不自滿、從不驕傲、也從不停歇。轉眼，他就接受下一個使命，繼續向下一個目標前進。

多年前，宗鷹從成大接受完麻醉專科醫師訓練後，轉到花蓮慈濟醫院服務。當時曾經不捨卻為他高興，因為他做了正確的選擇，果然在麻醉專業與醫學教育上發光發熱並嶄露頭角，在兩個領域都成為功績顯赫的巨擘，猶如飛天的鳳凰。

然而，宗鷹並不是出身豪門，靠基因加持的鳳凰，而是從小在泥濘與生活中搏鬥的水牛。出生在彰化縣田中鎮，他是七兄弟姊妹的老四，幼年家境清苦。他跟其他兄姊弟妹都要幫忙工作、貼補家用；跟著父親遠行下田種水果，中午吃泡麵，則成為深刻的回憶；特別的是他參加國小少棒隊，原因竟是球隊供餐，可以減輕家用。

艱苦中成長的宗鷹四育兼優，國中畢業考上臺北工專、臺中師專與建國中學三所學校，此時幸有人生第一個伯樂邱慶華導師，勸服家中考慮經濟因素去念師專的壓力，而選擇離鄉背井北上念建中，雖然逐漸從泥濘中脫穎而出，但在高中持續地掙扎適應孤獨自省認分經驗，終於歷練出為得撲鼻香，必須寒徹骨的凌雲壯志與艱苦卓絕的心智，並以為家庭經濟考量選取公費生的方式，順利開啟宗鷹走向醫學的康莊大道。

在這本半自傳的報導書籍裡，除了可以從宗鷹的成長故事裡，看到他如何從許多挫折中愈挫愈奮，因而培育出浴火重生的鳳凰性格；也可以看到他認分知足的個性，是如何為不忮不求的胸襟打下深厚的基礎；而發自內心的熱情，又如何發展成內涵信心的源泉。

行醫的最大挫折是無法醫治自己的親人，何況是從小是全家支柱的父親，從糖尿病衍發的腎衰竭與神經病變，都折磨著病人與家人。當時家境仍然艱困，許多熱心的外來支持讓宗鷹感懷於心，相信這也是宗鷹終身為人懂得惜福感恩，並且樂於奉獻的靈性根由。

宗鷹的野百合戀愛史很夢幻窩心，選麻醉當專業的理由也很有趣。在美國遭遇恐攻之際，他依然到約翰霍普金斯醫學中心進修；在佛羅里達的經驗，雖然有些驚恐，他依然樂觀面對。許多人把人生的機會與選擇好像是命運安排，而認為理所當然，但宗鷹從小培育出來的水牛精神與吃苦耐勞，卻讓他處之泰然、甘之如飴。許多的平凡必須經過滴水穿石的磨練，才能發出不平凡的璀璨光芒。

從泥濘地的成長鍛鍊出堅毅不拔的內涵信心，讓他在花蓮慈濟醫院嶄露頭角並脫穎而出；研究體感神經監測與兒童麻醉的專業發展，是一條人跡稀少的路，跨入醫學教育則是熱忱與奠基後的必然結果。宗鷹從「宜花東醫事類教學聯誼會」期望一起帶動提升整個宜花東各醫職類的教學品質是初試啼聲，再成立「醫學教育研究發展小組」，力推「醫療菁英培育計畫」。他歷經慈濟大學醫學系主任與花蓮慈濟醫院教學副院長磨練，終於被賦予醫學院院長的重任，帶領慈濟醫學院以唐吉軻德的精神，不斷地迎接挑戰，並完成許多不可能的任務。

宗鷹在醫學教育的路上再度與我重逢後，有幾次一起探討醫學教育價值與合作，進行評鑑的經驗，讓我對他有更深的瞭解，因而有榮幸在他的新書上作序。我對這位深富水牛精神的醫學教育鳳凰表達最高敬意，並期許他站在教育制高點，能影響並啟發更多的年輕醫者，以言教身教啟發他們，能莫忘初衷並不畏困難；能在遭遇挑戰與挫折之際，記得「良醫多自苦中來」，願意堅守「良知、尊嚴、榮譽、專業」的四大核心價值，共同為更美好的臺灣醫界而努力不懈。

推薦序

麻醉「宗」師 醫教「鷹」揚

王本榮（慈濟教育志業執行長）

一位在成大醫學中心接受完整訓練的麻醉專科醫師，在離開成大後，沒有就近到奇美醫院去「成」人之「美」，或者到義大醫院去「成」仁取「義」，反而遠走高飛，「花」落「蓮」成來到花蓮慈濟醫學中心，成為東部的麻醉「宗」師，更在醫教「鷹」揚，成為慈濟大學醫學院院長。如果說，號稱「田中央大醫院」大林慈濟醫院創院院長林俊龍是「田中蛟龍」；那麼，出身於彰化田中貧困家庭，成為「神經麻醉」權威的陳宗鷹，可以說是「田中神鷹」。而本書則是「田中神鷹」的勵志故事與典範傳奇。現代醫學以科學方法探究及治療人體身心健康問題。對人體生理基本運行原理的研究稱為「基礎醫學」，其目的為研究正常生理狀態及疾病發生的原因。而應用「基礎醫學」的知識，進行疾病的治療稱為「臨床醫學」。臨床醫學發展為許多細分科，依醫療手段的不同可歸納整合為兩大類：以藥物治療為主的「內科學」和以手術治療為主的「外科學」。我個人以為傳統的內科是從外面看，理應稱為「外科」；而外科則深入臟器，反而應稱為「內科」。但因現代疾病慢性化、重症化和多重化，且微創手術幾乎無孔不入，已是內外難分的整體醫學了。

外科手術是由外科醫師操作手術設備與儀器，直接進入人體，排除疾病病灶，改變患部組織或植入外來物。外科手術之所以能順利進行，得力於避免疼痛麻醉學的發展。一八四二年，隆恩（Crawford Long）首先將乙醚應用於外科手術，可以說是麻醉學的先驅。而現代麻醉的發展，除了藥物動力學（Pharmacokinetics）的應用，使麻醉藥品發展日新月異，穩定而可預期的麻醉劑及麻醉器械相續問世，麻醉學也開始有更多的細分科，逐漸在現代醫療體系中，扮演重要不可或缺的角色。宗鷹院長從一位麻醉專科醫師開始，多年來對東部麻醉醫學的發展居功厥偉，更培養出許多人才。

慈大醫學系長期受到「臺灣醫學評鑑委員會（TMAC）」的淬煉，從最早的「待觀察」到「有條件通過」、「三年期通過」到最高等級「六年期通過」，感恩評鑑委員的指導鞭策，也感恩校院師生的共同努力，慈大的醫學教育也愈臻成熟。二〇一二年，陳宗鷹醫師被付以承擔醫學系主任的重責，並在隔年被任命為花蓮慈院的副院長，主要是期許成為大學與醫院的橋梁，落實教學整合以迎接全國醫學系六年制改制及二〇一七年的 TMAC 評鑑。二〇一九年，宗鷹榮獲花蓮醫師公會頒發的醫療奉獻獎，是首位以醫學教育貢獻而獲得此項殊榮的醫師。也由於這樣的成就，同年十二月，在眾望所歸下，接任慈大醫學院院長。

臺灣自一九四九年開始實施的七年制醫學教育模式，歷經了六十多年的風雨考驗，培育不少菁英。為因應時代的需求，自二〇一三學年度起，改採六年制修業畢業，畢業後以具有國家證照的合法身分，再進行兩年畢業後一般醫學訓練（PGY）的「新制醫學系」。而無論是縮短一年課程，仍必須讓學生進入職場接受訓練前，就具備一般醫學的能力，還有同步進行整合基礎醫學與臨床醫學課程的「器官系統模組課程」都是巨大的考驗，也必須面臨習於現狀的老師們的質疑與反彈。沒有當時醫學院楊仁宏院長的擘畫與堅持，醫學系陳宗鷹主任的用心與執行，從「謀合」、「磨合」到「整合」，是不可能成功的。

宗鷹從教學部主任、醫學系主任以至醫學院院長，十年不覺醫教夢，最令人感佩的是把醫學教育成為自己新的專科領域，重新學習，逐漸成長，更把醫教當作使命從「職人」變成「達人」。每年的「歐洲國際醫學教育年會（AMEE）」，與在新加坡舉辦的「亞太醫學教育年會」，宗鷹院長也都親自領軍，帶領師生學習及發表新的醫學教育與創新教學。而慈濟大學的「大體模擬手術」與以志工培養成標準化病人並運用於教學的劃時代課程，也都得到國際廣泛的肯定與讚譽。

為了因應臺灣複雜難解的醫療生態，根深柢固的教育心態，以及適應高科技的醫療時代，醫學教育必須與時俱進，深耕人文教育，醫師價值觀的確立，養成主動學習，終身學習的態度，重視邏輯思考訓練，早期接觸臨床、基礎與臨床課程的整合，臨床技能的訓練，醫學倫理的實踐，專業精神的發揚，社區醫學、預防醫學及健康促進責任的加強，都是臺灣醫學教育努力的目標。本書並非只是宗鷹院長的勵志故事，更是慈濟醫學教育的重要史料。宗鷹院長不僅在創造慈濟醫學教育的歷史，也在歷史之中。這本書不僅記錄慈濟醫學教育的前生與今世，美麗與哀愁，更見證了慈濟的醫療與教育攜手共進，成功轉型的艱辛歷程。

推薦序

實踐人文醫療的希望　在培育良醫

林俊龍（慈濟醫療法人執行長）

我所認識的陳宗鷹副院長，是一位非常務實、用心且使命必達的夥伴，他同時也是慈濟大學醫學院院長，他的專業是麻醉醫學，也是臺灣第一位前往美國進修「神經麻醉」的醫師。二〇〇四年因緣際會，他從西部來到東部的花蓮慈濟醫院，爾後更展開了銜接醫學院與醫院的「育醫」志業。

展讀此書，對他自清苦中奮發向上特別有感。我出生於二次世界大戰結束的前兩年，自然經歷了戰後臺灣普遍清貧的時代；然而小我十八、九歲的陳副院長，成長於臺灣經濟起飛的年代，卻從貧困中歷練出勤懇奮鬥的意志力。他自幼跟隨父親去田裡種鳳梨，小學就得帶著妹妹們去工廠打零工，然而這位在彰化田間、工廠、市場長大的孩子，卻勤奮不懈地考上公費醫學系。

教育改變了他的人生，正如證嚴上人常說，「教育是希望，不只是一個孩子未來的希望，也是家庭的希望、社會未來的希望、更重要的，是普天之下的希望。」陳宗鷹不只因教育改變了自己，來到花蓮慈濟醫院、慈濟大學醫學院後，他也以教育改變了慈濟所培育的醫學生。

培育良醫的搖籃

我始終相信，「實踐人文醫療的希望，是在育醫」。特別是在當今醫療價值觀混亂的時代，更不能忘記證嚴上人創辦醫院的初衷，是為了救人，是為了膚慰病苦，是為了「守護健康、守護生命、守護愛」。慈濟大學是東部唯一設有醫學院的大學，更承擔了培育醫療、醫事人才的重責。

訓練醫療專業自然有一套嚴謹、實作的方法，在此不贅述，但要如何才能教育出有慈悲心的醫師呢？人們常說「良醫」難求，慈濟有幸，上人在創辦護專（現為慈濟科技大學）、醫學院時，即同時引入「慈濟懿德爸媽」（慈濟志工）以父母心陪伴在外地求學的年輕學子；慈大在大體解剖課程前，醫學生們會親自拜訪捐贈大體的「無語良師」家屬、為其撰寫生平，在解剖課程後，醫學系師生們參與莊嚴隆重的送別會、送靈儀式，讓醫學生深刻感受到「人」的價值；更有「良語良師」標準化病人的長期陪伴教導，這些都是慈濟獨一無二的醫療人文培育模式。

承先啟後，隨著臺灣醫學教育制度的變革，陳宗鷹除了依政策調整教育方案，同時也想方設法傾聽老師、學生的聲音，並接住學生在課業上與生活上的各種需求，為了培育專業與人文兼具的良醫，一路走來並不輕鬆，但他總是堅持不懈、使命必達。他曾經歷刻苦人生，還在念醫學系時，遇上父親重病、無力籌措醫藥費，幸而在許多善心人士支持捐助下，讓陳宗鷹度過重重難關。這樣的際遇，讓他胸懷感恩，也特別能體會病人與家屬的辛苦。他曾為了好好守護罕見疾病「泡泡龍」小朋友易裂的皮膚，麻醉時，凡膠帶或管線會碰到的地方，他都細緻處理，盡可能減少孩子疼痛，也讓這位泡泡龍小朋友總是指名要找他麻醉。

陳宗鷹在帶領住院醫師時，更有一份難以言喻的「身教」，結合了「認真負責」、「體恤病人及家屬」，這樣的身教更具說服力，曾獲得花蓮慈濟醫院最佳教學主治醫師，深受年輕醫師們的肯定。

陳宗鷹不只是一位傑出的麻醉科醫師、教授，他從慈濟大學醫學系主任、花蓮慈濟醫院教學部主任，到花蓮慈院副院長、慈大醫學院院長，一路走來都非常稱職。他除了建立臨床教學制度、銜接大學醫學系與醫院的臨床課程外，對臺灣醫學評鑑委員會（TMAC）的評鑑事項，他也付出相當大的努力，進而提升了整體花東醫學的教學品質。

現在科技進步，醫學教育也要不斷結合最新科技，陳宗鷹早期即與同仁們引進由大林慈濟醫院所研發的醫學生「數位學習歷程檔案」（E-portfolio），讓每位醫學生一路到住院醫師，都有其個人的電子學習護照，像是看過什麼樣的個案、跟診、參與開刀、師長回饋……等忠實記錄在電子檔案內，這套系統對教學、學生、教師幫助甚益、評估也更為準確。除此之外，慈濟也陸續引進AR、VR、模擬手術、電子解剖臺等，以最新觀念來擘畫未來、跟上最新潮流，讓我們的醫學教育得以走在最前端。

看到陳宗鷹把醫院教學部當成一個「醫療專科」來經營，一路無私投入醫學教育、用心用情至深，二〇一九年也獲得花蓮縣醫師公會頒發的醫療奉獻獎，他是首位以醫學教育獲得這項殊榮的醫師。更欣慰的是，慈大醫學系兼具人文與實力，二〇二二年、二〇二三年全國醫師國考，慈濟醫學系的通過率衝破了百分之九十，遠高於平均通過率。

三十七年前（一九八六年），上人創辦慈濟醫院時，醫師護理師難求，因而創辦了慈濟護專，又創辦了慈濟醫學院來培育未來醫師。慈大醫學院創辦二十七年來，大約維持著有四分之一的醫學系畢業生留在東部，他們幾乎都是從北部、西部來慈大就讀，畢業後繼續留在花蓮，為鄉親服務並定居於此。很感恩在慈大醫學教育路上，一路陪伴莘莘學子、無私奉獻的許多大醫王！陳宗鷹院長承先啟後，在我們慈濟醫療教育的歷史上，扮演重要角色，他為「醫學教育」走出了一條極富特色且成果豐碩的道路！

這是一本勤懇奮鬥、翻轉人生、傳承愛的醫師傳記，更詳實記載了慈濟醫療教育結合專業與人文的重要事蹟。感恩陳宗鷹院長以無私的愛照亮他人生命，盤點生命的價值，這就是步步踏實且無比閃耀的人生。能為此書寫序，甚感榮幸，相信諸位讀者也能跟我一樣從中得到啟發，感恩。

自序

做好該做的事

陳宗鷹（花蓮慈濟醫院副院長、慈濟大學醫學院院長）

我是出生於臺灣彰化一個貧困家庭的孩子，一路成長過程接受到很多人的幫助；因為有政府的公費制度，我得以讀醫學系。大學時期，父親生病，也因為有許多溫暖的人幫助我們度過困境，才能順利完成學業，成為一位醫師。一路走來，獲得許多師長、同儕的指導，感恩林啟禎教授、王本榮教授……等多位師長的栽培，這種種境遇，都讓我變成一個更好也更有能力的人，進而也可以幫助更多人，一路走來內心很多感觸，千言萬語就是一句「感恩」。

會來到慈濟真的是緣分，不知不覺也定居花蓮近二十年。最初只想在這裡安分的做好一位主治醫師，可能是教學的靈魂一直在內心深處，從訓練麻醉護理師、住院醫師到醫學生，一直到我接下慈院教學部主任與醫學系主任，都要感謝石明煌院長引路，讓我知道我可以培育更多的良醫。

其實我一直是一個平凡的人，讀大學的時候，在班上的成績中等而已，解剖學也是及格邊緣擦過。我學醫一直到臨床實習終於找到了興趣，自然而然就變成自主學習，不再擔心被當。我常跟學生說，成績不代表一切，不一定讀某國立大學就比較厲害，其實考上醫學系是一個門檻、畢業後通過醫師國考也是一個門檻。以臺灣的醫學教育水準，只要真心願意學，都可以得到足夠的培養和學習。也因此希望孩子們不要斤斤計較於分數，而是要能夠找到自主學習的熱情和興趣，就能展現出屬於自己的能力和優勢，自然能得到自己和他人的肯定。

當我在當麻醉醫師時，就深刻感受到病人對醫師和醫療的滿意度，不是只有技術和技能的問題，而在於我（醫師）讓他（病人）的感受；不論醫術好壞，其實病人可以感受到的是醫師對他的付出。有一個令我驚訝的經驗，是在我擔任行政職很長一段時間後，某一次麻醉部同仁跟我說，當年那個全身長滿水泡的小朋友「泡泡龍」回醫院手術，還想找「當年那位醫師」幫他麻醉，讓我非常訝異，也非常感動。我們以為病人麻醉後是不記得的，但泡泡龍讓我知道，他還是記得我為他做的一切。

慈濟大學醫學院要培育以病人為中心的醫、護、藥、技等醫療人才，以病為師的態度是基本的，在校成績再好，態度不好，不一定能得到病人的肯定，所以在行醫過程以病人為出發點去思考，是最基本的素養。

慈濟的大體老師、標準化病人等種種醫學教育資源都比其他學校要豐沛，我們的孩子感受到無語良師給予的善意和付出，當他們進入臨床的時候，我們也曾經問過孩子們，未來父母若要捐贈大體，你們也會同意嗎？這時候孩子的心就開始有了感受，他們其實會動搖，因為除了知道大體老師對他們的好，也知道大體老師真的必須在手術檯上被千刀萬剮，內心會不捨。我想因為走過這些路程的孩子，若真的要說跟別人有什麼不一樣，應該是慈濟培養出來的醫師，相信比較懂得感恩的心。

在我成長過程中，對我最大的影響是在我家庭遭遇困境的時候，受到多人無私的幫忙，例如天主教快樂兒童中心的大哥大姊們（職員）知道我家境困難，合力資助我，好讓我父親洗腎。這種不求回報的付出所得到溫暖的感覺，個人內心很感動。別人對我真誠，我就應該真誠的去回報；我一路以來都被他人很真誠對待，所以我內心也是希望可以真誠去待人，哪些是學生需要的？哪些是病人需要的？不管是我的學生、還是我的病人，要真誠的對待他人，就是要設身處地去幫他人設想，證嚴上人的「誠正信實」給我很深的影響，一直是我的行事的準則與依歸。

從來沒有想過一個這樣貧困出身、醫學系成績不怎麼樣的小孩，最後竟然會擔任醫學系主任、醫學院院長，還可以帶出這麼多傑出的醫學生。我的恩師張傳林教授曾經跟我說，「如果你可以把麻醉過程安安穩穩的結束並讓病人感到舒服的話，那你就是一個藝術家。」這句話讓我不須外求，就可以享受專心照顧病人、專心帶好學生所獲得的成就感。

花蓮慈濟醫院是東部唯一的醫學中心、慈濟大學也是東部唯一有醫學院的大學院校，身為這裡的醫師與老師，更有責任把醫療與教育的工作做好。感恩慈濟醫療法人林俊龍執行長對醫學教育的全力支持，並委請人文傳播室編撰出版此書。這本書的出版，一方面可以藉由我平凡的故事給大家一些鼓勵，一方面也可以讓大家知道，慈濟在醫療和教育上對這塊土地的用心，而平凡的我們，會一直做好該做的事。感恩。

序曲

中午時分，午餐時間，陳宗鷹騎著他的腳踏車從花蓮慈濟醫院院區出發前往慈濟大學。短短的幾分鐘車程，也是他可以晒晒太陽的時間。通常醫師都在院內工作，尤其麻醉科醫師，幾乎整天在開刀房裡不見天日，但陳宗鷹身兼醫院的副院長和醫學院院長，兩邊都有很重要的工作和責任，他和他的鐵馬總是來回穿梭在醫院和大學之間，過往擔任「生命守門員」的片段回憶，也經常在穿過綠油油慈濟園區的宜人路程中，伴隨著徐徐清風，浮現在他的腦海。想起平安睡去又平安醒來的病人，總是讓陳宗鷹不由得露出一口白牙的笑了。

那是許多年前的某天清晨，臺灣南部某醫學中心的開刀房如常在忙碌中運行。麻醉科醫師陳宗鷹，已經看完今天要手術的病人資料，第一臺刀是眼科，一位三歲的小男孩即將被送進手術室準備做疏通鼻淚管的手術。有經驗的眼科醫師只要進行「淚管探針術」疏通，大約半個小時就可以完成。

不過，對麻醉醫師而言，手術沒有大小之分，每一次都要讓病人安全的接受麻醉、並舒適平安醒來。看到孩子，陳宗鷹頓時心情柔軟起來，他曾經想過要當兒科醫師，成為麻醉科醫師之後，他對自己承諾，要在手術室裡守護孩子的生命。

他拿著面罩，配合著安撫的話語，扣住小病人胖胖圓圓的臉頰，隨著麻醉監測儀器滴滴滴的聲音，小男孩沉沉睡去。眼科醫師開始幫小病人清潔消毒，大約才五分鐘，手術都還沒開始，陳宗鷹發現小男孩的心跳在下降，血壓也下降。他立即仔細檢查麻醉機、藥物和各種監測的生命數值狀況，一時找不出原因，但隱隱覺得不安，眼前雖然看似平靜，陳宗鷹還是先請眼科醫師暫時不要動刀。

陳宗鷹飛速翻閱腦中所有可以打開的資料庫想找出原因時，小男孩竟突然心跳停止！醫護團隊緊急搶救，陳宗鷹趕緊打入強心劑，不斷進行心肺復甦術，一陣手忙腳亂之後，陳宗鷹覺得自己的心跳也被嚇到快要停止，小男孩終於恢復了心跳。

陳宗鷹決定請眼科醫師取消這次的手術，先送病童到恢復室觀察。但一到恢復室量體溫，發現小男孩體溫飆高，陳宗鷹還正在納悶；不一會兒，小男孩的體溫再升高一度，他正想釐清體溫的變化；沒想到，小男孩又開始痙攣。「怎麼會這樣？」他都仔細確認過每個步驟沒有問題，一個猜測在陳宗鷹腦中跳出，他懷疑發生在這個小男孩身上的，正是「麻醉醫師的惡夢」——亞洲人臨床非常少見的「惡性高熱症（MH）」。臺灣大部分的醫師都只有在教科書裡讀到過，幾乎沒有真正遇過惡性高熱發作的病人。

惡性高熱的真正發生原因仍不清楚，但與基因有關，較盛行於歐美。歐美接受麻醉後引發惡性高熱的發生率，是五萬至十萬分之一到五千分之一，但在亞洲、臺灣的發生率更稀少。惡性高熱的病理生理變化會讓肌肉釋放大量鈣離子，使體內的二氧化碳濃度上升，由於肌漿網內的鈣離子濃度不受控制的升高，導致心跳加快、體溫上升和身體僵硬。病人就像用高速跑了一整天的馬拉松一樣，導致體溫過高（每五分鐘上升 1～2℃，中心體溫甚至超過 44℃）、酸中毒和肌肉收縮，甚至因 ATP 耗盡，肌膜完整性受到損害，導致發生高血鉀血症和橫紋肌溶解症。就算盡力搶救，百分之十的病人仍可能因心跳停止、腦傷、內出血或器官衰竭而死亡；存活者也可能遺有腦部損傷、腎臟衰竭、肌肉損傷或重要器官功能不全等併發症。

好消息是惡性高熱症當時已經有解藥（Dantrolene），但因為病例稀少、藥品保存期短、藥價昂貴，是知名的「孤兒藥」，幾乎很少醫院有準備。幸運的是，當年陳宗鷹所在的是濁水溪以南唯一備有這種藥品的醫學中心，陳宗鷹馬上將病童轉入加護病房，並向藥局取得解藥為小男孩治療，病況馬上就有了起色。

後來，陳宗鷹來到花蓮慈濟醫院任職，發現東部竟沒有任何一家醫院備有惡性高熱的治療藥物，這樣風險實在太高，就請藥局務必備妥藥品。陳宗鷹認為，惡性高熱的病例雖少，但難保哪一天不會遇到，他希望做到花蓮不管哪家醫院遇到這樣的病人，至少慈濟有藥可借，病人都能得救。

一個專科醫師考試的榜首、年紀輕輕就成為全臺第十三位麻醉科教授的醫師，從選擇專科開始就挑中了一個默默服務、沒有掌聲的位置。一如他後來走入醫學教育領域，也是投身另外一個沒有喝采，只有默默耕耘灌溉的希望園地。這兩次人生的大轉折，雖然遇到困難險阻，他卻依然甘之如飴。陳宗鷹堅信，只要目標明確一直在那裡，通過鍥而不捨的努力，總有一天，一定能抵達。

第1部

田中青年養成記

我們家的荔枝樹是老欉，荔枝樹下面陰陰暗暗的，很多蚊子。
我跟我爸爸去農園的時候，
如果我沒事做，就爬到荔枝樹上吃到飽才下來。
當我從荔枝樹下往上看，可以看到藍色的天空和紅色的果實；
但我的兩隻耳朵卻被蚊子叮得像腫包一樣又紅又大，
後來我就像姑娘一樣，被包得緊緊的。

1 在田間和工廠長大的少年

小學五、六年級時，陳宗鷹常常跟著父親陳森林在田間工作，晚餐過後，則跟著爸爸到南投名間鄉的松柏嶺一座供奉「帝爺」的廟宇「受天宮」上香參拜，或者到彰化田中鎮赤水的北天宮去問事。受天宮香火鼎盛，是當地民間信仰的中心，而北天宮則是當時民間解惑問事的重要地點。陳宗鷹知道，每當父親有煩惱時，就會去請示神明。他總是看著爸爸的側臉，爸爸虔誠地對神明喃喃訴說，神桌上鋪著米糠，接著有兩人抬著神轎，乩童被神明附身之後，神轎開始晃動，並在前方的竹子上寫字，此時廟方有人出來解讀神明的旨意，為迷惘的眾生指點迷津。

陳宗鷹的父親家族早期從南投縣名間鄉弓鞋村搬下山到彰化田中定居，陳家的祖先有兩甲地在松柏坑（後改名為松柏嶺）地區，由陳宗鷹的父親承租耕作。陳宗鷹的記憶中，小時候的假日或寒暑假，常常跟著父親從田中搭公車，經過赤水到松柏嶺去務農（主要是種鳳梨）。

一九六二年，陳宗鷹出生在彰化縣田中鎮。家中七個孩子，他剛好排在中間，是第四個小孩，上面有兩個姊姊、一個哥哥，在他之下有兩個妹妹、一個弟弟，他每次自我介紹，覺得最符合自己的形容就是「我有兄弟姊妹」。

陳宗鷹的爺爺早逝，是由單親的奶奶獨自辛苦養育父親。他的爸爸陳森林是家中最小的孩子，也是唯一的男丁，上有三個姊姊。陳森林七歲的時候，父親就過世了，家中的孩子全靠母親一個人撫養長大。陳森林國小畢業後，就去學裁縫、做學徒，從小就必須自力更生。陳森林學成後，自己經營布莊，和妻子陳巫玉蘭在彰化縣田中市場裡賣布，並在攤位上層隔了一個小房間，全家就住在裡面。

布莊生意還不錯，有了一點積蓄，孩子們陸續出生，陳森林希望能給家人更好的生活空間，在同樣位於斗中路、距離田中市場大約一公里的地方買下一塊土地蓋房子。蓋房子必須花一大筆錢，妻子陳巫玉蘭非常反對，認為布莊在市場才有人潮有生意，但陳森林相當堅持，想要有自己的房子。布莊搬至新房子之後，因為距離市場遠，生意果然一落千丈，再加上建屋時建築材料價格漲得厲害，所有積蓄都花光了，甚至還負債，經濟頓時陷入困境。除了節流，陳森林想要開源，當時聽說鳳梨和薑的價格很好，想起自己在弓鞋村還有兩分地，若再承租陳氏祖先的兩甲地來耕作，應該可以增加收入。

鳳梨、金紙和襪子：童年打工記憶

不過，務農也沒有想像的簡單。在資訊不發達的年代，常常聽人說種某種作物價格很好，便趕緊跟風，但經過口耳相傳後，其實價格都已從高峰往下走，最後往往慘賠收場。原本因為蓋新房和搬布莊就已經負債，再加上務農的慘賠、家中食指浩繁，生活越發拮据辛苦。陳森林很希望可以改善經濟狀況，神明指示祖墳風水不好需要重修，他就重修；聽說種什麼好，他就種什麼，只希望能找到讓妻小改善生活的轉機。這時候孩子都還小，長子陳宗位從田中國小第一名畢業後，就讀田中國中，每次考試都霸占著第一名的位置。看長子書讀得好，期待他認真讀好書，不用再幫忙家務，盼望長子出人頭地，是陳森林最大的希望。大女兒（令珠）國中畢業後，馬上投入工作，到公路局客運金馬號擔任車掌小姐。二女兒（姚色）國中畢業後為了分攤家計，在家門口擺攤賣檳榔、山上種植的果物，也賣寶島、長壽菸賺一些價差，或批發一些抽抽樂給小學生玩。排行老四的二兒子陳宗鷹當時還年幼，就讀田中國小高年級，適逢國內棒球風氣興盛，他喜歡打棒球，因此獲選進入彰化縣棒球隊，集訓期間棒球隊有供應吃住，也減輕家中一點負擔。但在練球和讀書的空檔，陳宗鷹（十二歲）常常和兩個妹妹（姚里十歲及姚光八歲）也在晚上及假日到住家對面製作金紙的工廠打工賺錢。

在過去，臺灣民眾大多信奉民間信仰，幾乎家家戶戶都會燒香祭拜以及燒金紙奉納神明與祖先。金紙上面需要蓋一個四四方方的紅色印章，還要在正中間貼上銀色或金色的錫箔紙。金紙從工廠一疊一疊生產出來後，陳家三兄妹就排隊去做手工，負責嵌金和蓋章。在做這些步驟前，為了避免金紙散落，必須先在每一疊金紙的一角用電鑽鑽個洞，穿線綁起來。由於電鑽很重，一個沒拿好，可能就讓金紙歪掉、鑽破，甚至手會受傷，於是就由五年級的陳宗鷹負責這個工作，鑽完洞、固定好，再交給小妹姚光一張一張蓋印，她的兩隻小手常常沾到染劑，從紅變黑。蓋完印，他再跟大妹接手貼細部的錫箔。因為很多人搶著打工，金紙紙質又參差不齊，紙質比較好、比較厚的容易做，比較薄的紙容易黏在一起，工作效率較差，所以陳宗鷹總是帶著妹妹先去工廠排隊，搶比較好的紙多做一些。做好十二疊就算一捆，一捆可以拿到五毛的工資，每個月累積的工資一次發放。把賺的錢拿回家給媽媽之前，兄妹三人會先彎去附近雜貨店去買糖廠出產的健素糖，五毛錢可以買到一大把。他們最喜歡沒有加糖衣的健素糖那香香的味道，含在嘴裡吃，愈嚼愈香，是三人童年裡最幸福的味道。

陳宗鷹大一些之後，就開始當爸爸的左右手，假日跟著父親到山上的農園工作。他記得有一陣子家裡種鳳梨，有一甲地都是鳳梨田，他在田間穿梭，兩隻腳被鳳梨刺得傷痕累累。印象最深刻的就是中午在田邊的小工寮休息，跟父親一起煮泡麵吃。傍晚，爸爸挑著扁擔，將收成的鳳梨、香蕉或荔枝運下山，再走一段路到公車站，兩人搭最後一班公車回到田中，將農產交給二姊放在攤子賣。辛苦種鳳梨的記憶太深刻，深刻到讓陳宗鷹在外求學時幾乎不買鳳梨。他並不是不愛吃，而是會想起以前父親挑著重重的鳳梨下山，收購鳳梨的商人卻只給非常低廉的價格，因此每次看到市場上鳳梨的標價，他都覺得實在昂貴得買不下手！

那時，剛好也是臺灣「家庭即工廠」，盛行家庭代工的時期。陳宗鷹的媽媽除了幫忙農事、繼續布莊生意，可以多少賺一點錢的工作都會兼著做。因此陳家也批了手工種子項鍊，將植物種子串成項鍊的家庭手工。此外，彰化社頭出產襪子，幾乎整個社頭都是襪子工廠，代工包襪子的價格比幫金紙蓋章、嵌金箔來得好。每天吃完晚飯，他們全家都在包襪子，將每雙襪子摺起來後，用紙板撐起，再裝進塑膠袋。陳宗鷹包過上千雙各種襪子，熟練的程度，不論短襪、長襪或絲襪，都難不倒他。

就在全家人務農、布莊、擺攤和家庭代工的各種努力下，讓家中孩子可以繼續讀書。後來父母親決定把房子賣掉，搬往更遠的區域居住，用賣掉房子的錢償還債務，家中經濟才稍稍改善。

2 田中風雲人物

六年級的陳宗鷹持續打球，田中國小的棒球隊過關斬將，獲選為彰化縣棒球代表隊。球隊隊員白天練棒球，晚上有學校老師特別來幫忙加強課業，集訓時甚至要住校，對他來說，有得吃、有得住、又好玩，讓他非常開心。儘管大多數時間都在打球，他的成績還是相當好，在球隊有得吃又有球鞋穿，加上他也喜歡打球，讓他一度猶豫將來要繼續讀書，還是往棒球之路邁進。對他而言，這兩樣都很拿手，他的學業成績也一直維持第一。記得畢業前有一次老師特別找他談話，告知他隔壁班有一位同學要申請私立學校，必須要有縣長獎的成績，於是想請陳宗鷹將縣長獎讓給他。單純的陳宗鷹答應了。於是畢業那年，陳宗鷹只獲得第二名鎮長獎。

當年哥哥應屆考上臺中一中，陳宗鷹一進入國中，馬上感受到明顯的壓力。因為哥哥是田中國中的「名學生」，國中三年盤據第一名寶座未曾失常，大家知道他是陳宗位的弟弟，老師們都對他寄予厚望。

陳宗鷹也沒有讓老師們失望，他一入學第一次段考就拿了第一名，卻因為英文只有九十九分，沒有達到滿分，而被老師打了一下「警告」。班上有兩位也是成績非常好的同學，陳宗鷹並沒有跟哥哥一樣總是稱霸第一名的寶座，而是跟另外兩位同學良性競爭。他當時成績也是數一數二，而且是學校的風雲人物。幾位剛從師範大學畢業的老師相當年輕、有衝勁，會要求學生早上六點就到學校早自習。到了國三，老師也自動留在學校幫忙學生晚自習，那時候陳宗鷹就暫停打工貼補家用，開始專心讀書。

陳宗鷹除了功課名列前茅，體育能力更是傑出。班導師邱慶華除了加強他們的功課，也要求全班運動，下課時全班都要打排球，所以陳宗鷹排球打得非常好。因為功課好、體育也好，成為學校的風雲人物，陳宗鷹那時候知道有不少女孩子對他有好感。

陳宗鷹的成績頂尖，聽從老師的安排與另兩位同學謝進國、陳肇嘉到北區參加高中聯招。之後，他又去考了北區五專聯招與臺中師專招考，結果臺北市立建國中學、臺北工專和臺中師專全數錄取。起初在選讀學校時，爸媽考慮到家庭的經濟狀況，希望他去念臺中師範專科學校，不但學費全免還有生活費補助，畢業後又馬上有穩定的工作。陳宗鷹本想聽從父母的意見去師專就讀，但國中導師邱慶華看出他的潛力，覺得他將來一定能考上大學，於是特地登門拜訪，說服父親陳森林讓這個二兒子去北區就讀建國中學。

那一年，陳宗鷹考上建國中學，哥哥更考上當時第一志願臺灣大學土木系，放榜後，學校老師高興得拿了一串鞭炮到陳家大門施放，左鄰右舍恭喜不斷，陳家兄弟成為田中國中知名的傳奇人物，當然，父親對他們又有了更深的期許。

震撼教育

北上到建中報到之後，陳宗鷹發現臺北的同學各個非常活潑、語文能力也很好。當年北區聯招的國文總分是兩百分，其中作文占八十分，他只有拿到三十幾分，但臺北的同學們都是五十分起跳。他才發現自己的國文能力沒有北部同學厲害，能考上建中，幾乎都是靠英文、數學、理化和社會科成績拉上來，這些科自己幾乎都拿了滿分。

開學的第一場班會，同學們開始討論怎麼辦活動、跟哪個女校聯誼，這讓鄉下來到都市的他大吃一驚。自己一直比較木訥內向，只敢偷偷看女生，看到同學們熱烈討論，他雖然心動，但一直到高中畢業，陳宗鷹都沒有參加過任何一場聯誼。

因為他知道父親捨棄讓他念師專、同意花錢讓他讀普通高中，自己絕不能辜負父親的期待。而他個性內向，也不敢交女朋友，加上沒什麼錢，寄住在表哥家（表哥欉榛鈴、表嫂陳鶯勳），總覺得自己要認分，生活費需要節省一點；所以高中三年，那些琳瑯滿目的聯誼活動，他從沒有參加過。他總想到爸爸交待他要好好唸書、往醫學院邁進的訓勉，所以不應該增加其他花費。每天最放鬆的時光，就是從寄住的萬華表哥家走到建中的路上，途中會經過臺北植物園，那時候他總會放慢腳步欣賞植物園美麗的風光，就覺得非常快樂了。

那時他除了寄居萬華表哥家，又輾轉借住南港姑媽家，再回到萬華表哥家。雖然親戚都待他很好，住姑媽家時，距離學校遠，必須清晨六點出門搭公車，姑媽每日清晨五點半做好早餐給他吃，都讓他感念在心。但寄人籬下，當時才十幾歲、從鄉下北上的陳宗鷹，總是覺得有點孤單。

高中三年，他換了三次班級，高一時尚未分組，高二時分了自然組和社會組，他選擇自然組，等到高三時已經決定讀醫，他又換了一次班。到丙組（第三類組）時，他的成績沒有特別突出，幾次成績不理想，心情相當難受。建中的英文程度要求高，除了《狄克遜成語》之外，還必須背《美國成語》，每天的份量都很多，讓他吃不消！

而原本高一、高二時很能理解與投入的科目，在他讀丙組轉班後換成其他老師，讓他頗為適應不良。當時學業的壓力，讓國中、小讀書從沒有吃過苦頭、在校一直非常風光的他，備感挫折，高高低低的心情更讓青春期的自己多愁善感。國中開始寫日記的他，只能藉由寫日記為自己打氣，在日記裡一再的鼓勵自己，也抒發想家的心情。

「美國成語把我從高階層打到了下階層，讓我不知如何是好。考完之後我一直很想哭，想盡情的哭一哭，但在路上我不敢哭，回家之後又想起了『男兒有淚不輕彈』，哭亦無濟於事，於是我的眼淚便又收回去了。人要有血性，美國成語是死的，我為何如此慘呢？今後，我絕不再考不及格了，我辜負了爸爸對我的恩賜，爸爸曾說：『我是讀書的好材料。』我一定要相信自己，天下無難事，事在人為，從現在起宗鷹不再被打敗！我要為我的前程而努力，『不經一番寒徹骨，哪得梅花撲鼻香。』前進，向上衝吧！宗鷹，去完成你的凌雲之志吧！」

「十一月十五日　星期六

月考完了，我的心血也完了！花費的功夫竟然獲得如此的下場。下午回來後我整個精神都崩潰了！我知道我又回到了沉思中……

想起了父親諄諄訓誨，以及他以帶病之身努力的工作，為的只是要讓我讀書，將來能替家門出一口氣。

而想想自己以前的志氣也是要能替國家造福，不但光宗耀祖而且可以造千萬人之福利，因為當時的我認為自己是上者，自從到建中未曾認定自己是失敗者，如今已是三年級了，聯考大關已迫不及待，而我的實力呢？真懊惱。或許是自己花了心血，而獲得如此結果，我不甘心。

雖然有前人指點『聯考是長久的戰爭』，但是也不能老是欺騙自己，說自己是強者，未發揮而已。」

「十月二十三日　星期四

貴在有恆，成績是必須保持而漸進的，萬不可有懈怠傲慢而得意忘形的情況。我的功課仍然很多，需要穩定的心情，循序漸進。日子是愈來愈緊迫了，同學間努力的情形也一天比一天顯著，我也得加緊腳步才行。」

「十月三十日　星期四

傍晚回家時，走進植物園，回頭望望紅樓，天邊的晚霞更是美不勝收！好久了，我未曾目睹此種燦爛的景色，只記得在故鄉有過。踏著輕快腳步，進入植物園，想想，我需要加倍努力，為了父母，為了我自己，我得努力的往前走。」

到了建中這個風氣自由的高中，必須完全靠自己。陳宗鷹第一次感到「人外有人、天外有天」，有些同學真的很厲害。那時候，他就覺得不能再相信別人說不用讀書這件事了，自己還是要靠自己努力。要讓父母以自己為榮，還要做個對社會有貢獻之人，這個鄉下孩子學會想辦法，為了加強數學、理化，他向讀甲組（自然組）的好朋友（鄭明璜）借他們班上教得好的老師筆記來讀，常常在日記上對自己精神喊話，時時幫自己打氣。

喜歡音樂的他，高中唯一的娛樂就是參加口琴社，吹奏口琴也是他最放鬆、最享受的時刻。從沒有學過音樂的他，高中畢業前的功力已經達到口琴高階的程度，可以同時輪奏兩把口琴。當分部合奏的時候，有人吹低音，陳宗鷹可以同時吹主旋律以及另一曲升半音的伴奏，當時他甚至還加入臺北市口琴協會，也參與演出。「進階的考試指定曲就是『我的家庭』，這一般會覺得是很簡單的曲子，但這首旋律裡有很多升半音，在吹奏的時候要能很順暢的瞬間轉換，轉得不順就會落拍子。」口琴的陪伴，讓陳宗鷹的高中生活，有了一些娛樂和心情的轉換。

「六月十二日

今日得知有口琴營活動，我很想把握這一次的機會，也是我高中暑假的唯一活動，因此很想參加。

但是我的錢已經不夠了，且又想起爸媽辛苦持家的情形，又使我想放棄這一次機會……」

應屆畢業後，大學聯考考得還可以，上了臺北醫學院牙醫學系。大一時大多是共同科目，沒有實際接觸到專業，課業對陳宗鷹來說還滿簡單，所以他覺得自己大多時間是在玩。當時坊間還有一些非正統訓練的「牙匠」在幫人看牙，牙醫給人的觀感不是太好，而且社會上有一些傳聞，讓很多學生誤以為牙醫市場已經飽和，將來出路有限。此外，陳宗鷹一直覺得沒有達到父母的期待，心裡無法忘情醫學系。於是重考的想法不斷出現，但考量到家中經濟，他的心情也總是反反覆覆。

「九月十六日

到臺北後仍是迷迷茫茫，對於補習班的事我是一點也摸不著頭緒，不曉得哪裡比較好，更重要的是得向家裡要錢，補習費偏偏又那麼貴。

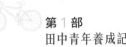

如今只有先到補習班打聽打聽，另一方面自己再買些書好好看一看，保持並增加自己的實力。雖然心裡茫無頭緒，但是我有信心，我可以重振雄風！」

破釜沉舟，勇往直前

讀了一學期牙醫之後，陳宗鷹下定決心，鼓起勇氣回家跟父親說想要補習重考。他心想自己已經考上牙醫系，再拚一下考上醫學系，應該沒有問題。父親決定支持他，陳宗鷹跟幾個同學到離建中不遠的牯嶺街報名醫科保證班，他連臺北醫學院牙醫系的休學手續都沒辦，就直接去補習班報到。他決定利用剩下的半年時間在補習班全力衝刺。過不久，他接到臺北醫學院的退學通知單，此時他決心破釜沉舟，考上什麼就去讀什麼。

當時雖然家中經濟狀況稍微改善，但醫學院高昂的學費，對陳家還是相當吃力。那時候剛好是政府推動醫學系公費生的第二年，所以陳宗鷹的首要之選，都是有公費的醫學系。重考之後，他覺得自己上醫學系沒有問題，前三志願填的是有公費名額的臺灣大學、陽明醫學院和臺北醫學院，最後他考上第三志願，他再度回到被牙醫系退學的臺北醫學院當醫學系學生。

政府補助公費生學雜費、每一年有一定金額的書籍費和治裝費，醫學系七年級已經可以進入醫院擔任實習醫師，每個月有幾千元的薪水，所以總共會有一到六年級共六年的補助費用。畢業後也要履行六年的義務，到公家醫院或衛生所任職。

考上醫學系後，哥哥已經從臺大畢業找到工作，二姊仍繼續資助他生活費。臺北醫學院距離萬華表哥家比較遠，陳宗鷹決定與三位同學一起在學校附近分租房子，又多了一筆房租的支出。直到大二，陳宗鷹找到了家教，他終於可以跟二姊、大哥還有父母說，不需要給他生活費了！

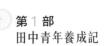

3 木訥又熱情的新鮮人

剛進大學的新鮮人，總會參加學校社團。對服務有興趣的陳宗鷹，和同學去過幾次康輔社。但康輔帶遊戲的方式，總讓個性內向的他感到膽怯，他覺得康輔社屬於比較單純的玩樂氛圍，大家好像都很外向開朗，很容易跟別人打成一片，但自己並不是這樣的人，甚至有一些整人遊戲他也不太喜歡。某天他無意間看到一個校外的「天主教快樂兒童中心」在招募義工，主要工作是帶兒童夏令營，其中有一、兩梯的小朋友是原住民兒童和小陽光（燒燙傷孩子），他覺得這與自己對服務性社團的想法非常契合，於是決定成為志工，將快樂兒童中心當作社團來參加。要帶團之前，快樂兒童中心還會幫志工集訓上課，包括心理課程、溝通技巧等等，尤其幾位老師還是救國團「張老師」的成員，如楊姊（楊靜齡），他們都非常專業。另外還有製作道具很厲害的黃姊（黃素華）、很會講故事的張姊（張之瑛）來幫他們上課，陳宗鷹覺得和學校大多在玩樂的社團相比，這裡可以服務，又能學到新的專業知識和技能，真的很不錯！

陳宗鷹就這樣持續在「天主教快樂兒童中心」上課、受訓，服務對象是孩子，讓陳宗鷹覺得很放鬆。他很喜歡孩子，總覺得小孩很純真，和孩子的互動很直接，只要出自真心就好，讓內向的他很容易得到成就感。因為他有帶領兒童營隊的經驗，隔年升上大二後，一些曾與他一起在兒童中心做義工的同學，邀請陳宗鷹一起參加臺北醫學院的醫療服務隊。

臺北醫學院當時有兩個醫療服務隊，一個是在雲林縣服務的口湖醫療團，一個則是臺南縣（現改為臺南市）的北門鄉烏腳病流行病調查團。其中雲林口湖醫療團的服務內容也需要兒童衛教，成員必須有經驗或接受過帶領兒童的技巧訓練，因此社團成員希望陳宗鷹也一起去口湖幫忙服務。這也是陳宗鷹第一次遇到護理系一位叫曾敏華的女同學，敏華當時已經是口湖醫療團的成員。當時敏華甜美的笑容和善良的性情，讓陳宗鷹印象深刻。多年後敏華回憶與他初見面的第一印象，卻是「看到一群瘋子，瘋瘋癲癲的帶孩子……」因為當時陳宗鷹又黑又乾又瘦、看起來很瘋癲，但他開始唸起童謠：大拇哥、二拇弟、三中娘、四小弟、五小妞妞愛看戲；表演小鬧鐘全身又扭又轉時，儼然就是一個孩子王！

陳宗鷹從小擅長體育，以前從棒球打到排球，似乎只要球類都難不倒他。在北醫醫學系的前幾年，同學們都說他讀的是「體育系」。他是班上的體育股長，陸續舉辦了很多體育活動，接力賽、壘球賽、籃球賽、排球、跳高和田徑比賽。他還擅長跳高，曾經直接用剪刀式跳超過一百六十公分的記錄，只要是不需要額外花費的體育活動，都可以看到他的身影。

大三開始，醫學系課程加重，寄生蟲、病理等幾個基礎學科的學分都很重，其中有一科沒過，就有可能延畢；如果超過二分之一被當，就會被退學。陳宗鷹想到自己好不容易念了醫科，而且獲得公費資格，爸爸媽媽又期望這麼高，怎麼敢大意。所以醫療服務隊回來後，他就全心投入課業，也沒跟剛認識的敏華聯絡。

4 從 Intern 變成有名字的醫師

醫學院六年級開始，就要準備實習，醫學生可以填寫自己想要實習的醫院，依照成績排名來分發志願。

臺大醫院是最熱門的選擇，班上前十三名都會選擇去臺大實習，陳宗鷹班上一位成績很好的同學鄭敬楓（現臺北慈濟醫院副院長）就是填臺大。接下來是馬偕醫院或長庚醫院，也是許多學長學姊喜歡填的志願。但很多學長也表示，到長庚醫院會很累，刀與刀之間幾乎沒有時問休息。一般在醫院實習時，六年級生通常都還是Clerk（仍是學生身分），第二年（七年級）才會當Intern（已被視為人力）。長庚醫院則是自六年級實習就要開始當Intern，總共要當兩年，這也讓一些醫學生有所猶豫。陳宗鷹成績中等，可以選填到馬偕醫院，但考慮前一屆學長曾回饋，到署立

陳宗鷹（右二）在署立桃園醫院擔任實習醫師時，認真的態度獲得老師和護理人員的認同。

桃園醫院實習的學長姊都認為醫院整體環境不錯，加上會有臺大的醫師和教授過去教學，所以他就填了署立桃園醫院。

志願全部底定後，來自於各家醫學院的六年級實習醫師（現稱實習醫學生）到醫院準備實習，分組並認領分配的工作，陳宗鷹和同學到署桃時，剛開始覺得還不錯，但沒想到，高雄醫學院的學士後醫學系該來的實習醫師，因故全部沒完成報到。原本的四組人馬緊縮變成三組，後來還有女同學罹患風濕免疫疾病而請調回臺北的醫院，因此實習人數大幅縮減，他們馬上從「以為悠閒」變成「忙碌不已」，要承擔更多人的工作。很多時候早上五點就要起床，幫準備手術的病人一個一個打好點滴，如果人緣好一點，護理人員就會過來幫忙。雖然負擔變多，但因為大部分工作都需要實際執行，練習也多，陳宗鷹也感受到自己變得愈來愈厲害，到最後功力已達「只要大拇指上的一條血管」，他也可以將點滴打上去！

「我還記得很清楚，剛去急診實習時，我們沒有名字，都被叫來叫去，只聽到護理學姊們的指令：『欸，Intern，這個去放個尿管、那床去做抽血！』」雖然如此，陳宗鷹還是很認分的做好每一件事，一個月之後，急診的護理長開始稱他「陳醫師」。那段期間，在病房裡不論有開刀或住院的病人，實習醫師都會被要求在下值班前，要把所有病人的點滴全部「on」上去，例行的抗生素也都要打完，其中還有一門課要在檢驗科負責抽血。當時沒有假人或標準化病人可以練習，所以陳宗鷹常常和同學互相幫對方打針，因為不確定針會戳到哪裡，所以要格外小心，一定要先練好針法，到臨床才不至於壓力太大。

對他們來說，壓力最大的是到小兒科，兒童的血管細，如果打了一針沒上後，再打一針還是打不上，實習醫師就會看到父母的兩對眼睛馬上變大，臉也開始變臭，常常只能道歉，然後摸著鼻子去找其他人來支援。

這個過程雖然辛苦，但也讓他體會到只有確實去做，才會累積出自己的經驗。

5 無法醫治父親的醫師

高中的時候，陳宗鷹就知道父親得了糖尿病，那時父親才四十歲出頭，還算年輕，怎麼會得糖尿病呢？後來他才知道可能是遺傳性的，因為內祖母也有糖尿病。父親剛確診糖尿病的時候，狀況還輕微，可以工作。陳宗鷹大一一入學，就開始到圖書館找糖尿病相關訊息，雖然自己讀醫，但父親缺乏病識感，他對父親的衛教始終不是很順利，他不斷跟父親勸說要吃藥、控制飲食，但父親不太能接受，配合度不高，覺得子女不孝。

到了四、五年級，陳宗鷹開始進入臨床，只要遇到教糖尿病的老師，他都會去詢問有沒有解決父親狀況的方式，但得到的回答都是只能控制，讓他很失望，最後，父親還是走到了需要洗腎的階段。

「一九八八年五月十四日

唉，艱苦的歲月降臨了，父親於五月十一日到彰基住院，晚上必須洗腎，洗了四個小時。第二天接著動手術做CAPD（腹膜透析的植管手術），使我們家陷入了愁雲密布，為了這筆醫療費用，整個都亂了。光是目前的費用就是一筆數目，而以後每個月固定的費用更是不知著落。

洗腎時，父親直說不要救他，唉！聽在為人子女的心裡，好生難過，希望他活下去，但卻需要一筆龐大的費用，而到縣府申請補助又遭質疑，真不知該怎麼辦……」

父親開始洗腎，洗腎費用很高，家裡經濟狀況又差。當時哥哥透過岳父的協助，終於拿到政府補助，但還是遠遠不夠治療的費用。此時天主教快樂兒童中心裡的員工張姊、楊姊等人得知這樣的狀況，私下默默幫忙號召，每個月幫忙湊出一萬二千元給陳宗鷹，讓他與家人可以帶父親去洗腎。這雪中送炭的暖舉，一方面讓陳宗鷹相當感動，一方面也覺得難以回報，但就在這些大哥大姊的堅持下，陳宗鷹收下這份愛心，他們就這樣持續資助了一年。

這件事讓陳宗鷹銘感五內。看到這些大哥大姊這樣不求回報的幫他，他也立志要幫助別人。就算醫學系課業繁重、為了生活費又必須接家教賺錢，但每星期他依然會另外花兩天到臺北市的某個貧困社區，免費幫那裡的孩子家教。他完全不知道怎麼會有那麼多時間可以安排這麼多行程，只知道為了報答這些曾對他伸出溫暖之手、拉他一把的人，他也應該幫助別人。

到了大學五、六年級時，父親的病情變化很快，包括腎臟病變、神經病變都已經出現，父親的四肢常會又刺又麻的疼痛、眼睛也出現血管病變，產生全身性的問題。那時候他常常看到爸爸拿著東西槌打自己，想要紓解不適，父親的病程也讓陳宗鷹很難過，因為幾乎糖尿病所有的併發症，都在父親身上發生了。

從到醫院洗腎到改為在家中腹膜透析，陳宗鷹和家人們將父親的傷口照顧得很好。一九八九年陳宗鷹醫學系畢業，醫師執照也已經通過，他入伍服役，到淡水的空軍雷達營擔任醫官少尉。他趁著當兵期間參加高考，因為如果有公務人員資格，將來到公立醫院服務的職級可以比較高，也比較容易成為正式員工。

當時，陳宗鷹的父親已經生病許久，腹膜透析後，反反覆覆發炎，陳宗鷹參加高考那天，父親因為腹膜透析管路感染發炎，回到彰化基督教醫院治療。陳宗鷹考完第二天的試程，回哥哥家休息準備第三天的考試，不料當晚哥哥加班還沒回家，晚上七、八點時他接到大妹電話，電話中傳來哭泣的聲音，大妹告訴他父親上廁所時突然失去意識，搶救無效。是小妹姚光陪著爸爸從彰化基督教醫院坐救護車回家，一路依習俗哭喊「爸爸，我們要回家了……爸爸，要帶您回家了……」到家之後，才把爸爸放到媽媽已準備好的草蓆上。

陳宗鷹如晴天霹靂，顧不得第三天的考試，當天晚上馬上尋找可以最快到家的車票，一路哭著回家，直到深夜回到田中的家，才見到已躺在草蓆上的爸爸。

和父親最親近的兒子

陳宗鷹的成長過程，父親因觀念傳統，對長子期待高、所以哥哥不太需要做家中的工作，好好讀書即可；這樣的狀況讓身為家中第二個男孩的陳宗鷹，從小就要跟妹妹打工幫忙家計，也常常因為哥哥犯錯而連坐一起被處罰。哥哥升高中後到外地唸書，家裡的男孩除了自己，弟弟（映良）還非常年幼。於是，父親蓋房子的時候，他在旁邊；父親到山上務農，他也跟著，他與父親的相處時間是最多的。自己升高中後，雖然也到外地求學，但暑假回家一樣陪著父親上山做活，反而與爸爸的感情最有連結。

陳宗鷹手巧，各種基礎的修繕都難不倒他，簡單的木工、修電器、象棋都是父親教給他的。父親陳森林雖然只有小學畢業，但相當善於自學。譬如靠自己摸索，學會吹洞簫，以前父子一起務農，陳森林會教陳宗鷹吹樹葉，陳宗鷹可以吹出聲音，但父親不只吹出聲音、還能吹出旋律。陳宗鷹認為小妹有藝術天分，應該就是遺傳自父親。陳森林還自學姓名學，而且學得相當出色，家中七個孩子的名字都是他取的，姓名學愈學愈厲害，還幫女兒們改成更好的名字。他甚至還幫兒子們分別取了「字」，陳宗鷹的字是「映州」，父親說：名「宗鷹」是走老運，小時候要用字「映州」，所以一直到高中，熟識的同學還是叫陳宗鷹「映州」，母親也一直稱他「映州」。

從臺北趕回家裡，他已經失去了父親。想到父親一生勞苦，自己身為醫師，卻沒有辦法照顧好自己的父親，陳宗鷹非常自責，心痛到快難以忍受，他只能告訴自己，一定要好好照顧母親。

「一九八九年十二月二十三日

二十二日晚上到民生國中看完考場便回到大哥家，二十三日考了一天，晚上和室友一起吃火鍋，第二天又順利考了一天。晚上在哥家，大哥說他要去行天宮拜拜，便和大嫂出去了。我留在哥家，當我在玩俄羅斯方塊時，電話聲響，第一次沒接著，第二次傳來姚里哽咽的聲音，說父親正在急救，可能救不回來了……我聽了有如晴天霹靂，怎麼會呢？傍晚我才打過電話，說一切都很好的，一時所有的思緒湧上心頭，跟妹妹說我馬上趕回去，一時也不知道帶什麼，帶了錢和雨傘就往外衝，只在哥家留了字條……在臺北車站，看了車班得等到十點多，心如鍋中螞蟻哪能等！

跑到北站，剛好有一班國光號但偏偏又慢分，就這樣來回走了兩次，終於搭上國光號趕到彰基，已近十二點。上到五樓，小姐說家父已經回去了……從臺北到田中，我一直在飲泣。回到家，看到父親已經蓋上白布，翻開布看著父親安詳的臉，安安靜靜的躺著，我再也忍不住跪在父親身旁哭了一陣，上樓看媽，媽兩眼已哭腫了……我要是在身邊就好了，我若在身旁，說不定父親不會走的。雖然身為醫生，卻挽救不回父親的生命，我很自責……」

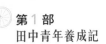

6 走入外科裡的內科醫師

父親生病的關係，大一開始，陳宗鷹就找各種資料，希望可以為父親治病。他實習的時候，對內科相當投入，自己最喜歡的兩科，一個是心臟內科，一是腎臟內科。在署立桃園醫院實習時，腎臟內科跟心臟內科的老師給他很多啟發，因此內科學得非常好。心臟內科由臺大的駱惠銘主任教學，他教學認真，很有學術風範，讓陳宗鷹很有成就感。陳宗鷹認為心臟內科是內科的基礎，不論是心電圖、心臟的變化等等都很有趣，因此很認真學習。而腎臟內科的姜淑惠老師，則帶著陳宗鷹做病例的個案報告，讓他學會如何從生理、病理、藥理及臨床診斷、治療計畫等完整的整理個案報告。

七年級時，陳宗鷹在腎臟內科照顧一位因為喝鹿茸酒而全身紫斑的病人。陳宗鷹發現紫斑症應該是跟鹿茸的過敏有關，而又有些人會拿鹿茸酒泡藥，所以是混合性的病因，腎臟功能因此整個變壞。老師帶著陳宗鷹寫個案報告，準備投稿到榮民總醫院的《臨床醫學雜誌》，當時陳宗鷹正準備國考，幾經思考仍是以國考為重而未寄出，但也認知到自己有寫作論文的潛力。離開署桃醫院前，姜老師特別叮嚀他要記得回來，陳宗鷹也認真考慮將來要不要走內科。

他自己分析，如果走內科，內科的專科醫師要在醫學中心（或有訓練資格的教學醫院）接受三年訓練才能考內科專科執照。但他是公費生，必須履行六年義務，所以住院醫師訓練兩年後，就得先下鄉到衛生所，這樣就無法拿到專科醫師的資格（衛生所只需要有醫師資格）。

陳宗鷹到臨床之後，發現自己的志向並不想下鄉。一方面是出於成長背景，他沒有經濟基礎，去衛生所服完公費義務之後，大概就會往開業的方向走。但他其實喜歡跟老師做研究，甚至有能力寫論文，學弟妹也都喜歡跟著他，因為他很會教學，而且願意分享，也很享受教學。

當時，衛福部公費生分成四組，包括：自由選科組、內外婦兒組、基層醫療組、特殊科組。公費生可以依照成績去填志願的科別：自由選科組最好，可以四年全部訓練完，再接受分發到衛福部認可的公家醫院；內外婦兒組可以去內外科訓練兩年，最後還是要下鄉；基層醫療組就是直接下鄉到衛生所服務；特殊科組則是可以四年訓練完專科，再分發到公家醫院。麻醉、復健、放射、病理和檢驗都算特殊科，但他覺得復健科跟自己個性比較不合；放射科則沒有接觸病人，後來依據自己的興趣，他決定試試看麻醉科。

為什麼選麻醉科？因為麻醉科跟陳宗鷹喜歡的內科有點類似，所以被稱為「外科裡面的內科」。原本除了內科，同學們都認為陳宗鷹會走小兒科，最後他選擇麻醉科，實在跌破大家眼鏡。陳宗鷹喜歡小孩，總是跟孩子打成一片，大一就到快樂兒童中心擔任義工。他會放棄兒科除了公費的問題之外，另一個原因就是「太喜歡小孩」了。

他曾經在實習的時候，照顧過一名罹患血癌的孩子，陳宗鷹必須扎他的大腿骨抽出骨髓，讓他相當為難；才兩、三歲的小病童看著他說：「醫生哥哥，你直接抽沒關係，我會忍耐！」一想到這麼年幼的孩子，已經學會忍耐疼痛，竟然還貼心的安慰醫護人員，他就覺得心痛不已。他問老師，這個孩子可不可以恢復健康？老師說，這種血癌的孩子，要治癒就要換骨髓，醫療費至少都要一百萬元以上。後來，這個堅強善良的孩子還是沒有治療成功，讓陳宗鷹受到很大的打擊。

後來他決定，寧願額外花時間去幫助自己可以幫助的小孩，但是如果要走小兒科這個專業，必須面對這麼可愛的孩子可能無法救回來，面對孩子痛苦、自己又幫不上忙的狀況，情感上實在沒辦法承擔。所以，他就給自己一個「理由」，因為公費的原因，所以沒辦法選擇小兒科。

選擇麻醉科之後，他也告訴自己，在麻醉科裡面也有小兒麻醉，當這些孩子入院，在他的能力範圍內，一定可以幫助他們。想到這點，他腦海中就浮現了「這我願意！」的念頭。

當時，表哥是反對他走麻醉科的。表哥是婦產科醫師，也是他讀高中時，讓他寄住家中的人。表哥覺得：「你幹嘛去選那個不像醫師的科？」因為麻醉醫師比較偏向幕後，沒有人知道你是誰，病人康復後，總是感謝外科醫師、護理師，獨缺感謝在他們開刀時，默默守護他們生命的麻醉醫師，感覺很吃虧。但表哥這番話對陳宗鷹來說，並沒有起很大的作用，他還是依照自己的興趣和現實考量，選擇了麻醉科。
那時候的陳宗鷹，自己也還不知道麻醉醫師的重要。

7 野百合般的愛情

在署立桃園醫院實習的時候，陳宗鷹一方面覺得環境還不錯，一方面覺得大家相處相當融洽，於是實習結束、通過國考後，就決定直接應徵署桃的麻醉科住院醫師。沒想到應徵之後，科主任只跟他說「基本上你被錄取了」，卻無法給他明確的答案。在那個事事講究人情和人脈的時代，主管因為不能確定是否有大人物或關係更好的人在中途安插人員進來，所以沒辦法給他肯定的答覆，讓陳宗鷹無法確定畢業後的去處，覺得相當困擾。為了以防萬一，避免最後落得沒有醫院訓練的下場，他只好另外查詢有沒有其他適合的公立醫院。剛巧臺南成功大學附設醫院也在招收麻醉科住院醫師，他便去面試，沒想到就錄取了。當時年輕的陳宗鷹，為了爭一口氣，就直接跟署立桃園醫院說不去上任了，他要去成大。公費的麻醉科屬於特殊科，在公立醫院都可以訓練，當然在成大也可以。

當完兵，他馬上到成功大學醫學院附設醫院麻醉科報到，在第一年住院醫師（R1）時，就跟曾敏華結婚。

當年大一在口湖服務隊和那位護理系的同學曾敏華相識之後，雖然對這個女孩印象很好，但因為醫學系課業漸重，他深怕辜負父母讓他唸大學讀醫的期待，所以先專心於課業。

他們兩人喜歡唱歌，曾敏華在臺北醫學院時就參加學校的杏聲合唱團，原本也喜歡唱歌的陳宗鷹，有一次到合唱團觀摩，見到他們發聲練習的模樣大吃一驚，暗忖唱歌為什麼要這麼辛苦，因此落荒而逃，兩人緣慳一面。大三時有解剖學和病理學，是最辛苦的時候，陳宗鷹依然專心於課業。大四之後，課業雖忙，但比較抓到了節奏，他便開始常找這位護理系的同學一起讀書，還找藉口跟她借實驗衣，讓兩人有了更多聯繫。後來嬌小的太太曾經笑他，「我的實驗衣這麼小，你怎麼穿得下？」可能因為太太是家中么女，他覺得這個女孩非常單純可愛，加上他本來就喜歡教學帶人、照顧人，兩人就開始交往。

曾敏華是嘉義人，家教很嚴，從來沒有騎過機車，到了臺北讀書，也是陳宗鷹教她學會騎機車，還讓她因此被媽媽數落一頓。陳宗鷹在淡水當兵時，敏華已經從護理系畢業，在臺北榮民總醫院服務。醫院在石牌，離淡水很近，陳宗鷹在三芝的空軍雷達站服役，相對單純。他擔任醫官，有時必須去臺北空軍總醫院領取隊上所需藥品，他就順便去找女朋友。雷達站外長了一大片野百合，每次去領藥，他都會摘幾朵帶到榮總送給女朋友。兩人交往五年後，已經二十八歲，民間習俗二十九歲不適合結婚，所以未來的岳父就叫女兒打電話給他，「你要趕快來下聘，否則要等到三十歲。」陳宗鷹回：「好！」兩人就順理成章結為連理。拍婚紗照時，攝影師問他們有沒有喜歡的花，他們就用野百合作為代表。

8 花蓮初接觸迷途驚魂

在成功大學附設醫院擔任住院醫師四年後即升為總醫師，之後須經過競爭才能升主治醫師。但麻醉部總共有三位總醫師，而科內的主治醫師名額只有一位，需接受評核才可以留下。陳宗鷹考量只有三分之一的機會，並顧及自己是公費生，需要在公立醫院或偏遠醫院服務的規定，開始準備自己若沒有在成大升任主治的備案。他到處查訪有無醫學中心或公立醫院需要麻醉科醫師。他還是想做教學和研究，所以仍然鎖定醫學中心。

高他兩屆一起在成大訓練的學長黃顯哲醫師，陳宗鷹稱他為師兄。黃顯哲住院醫師訓練完沒有留在成大繼續服務，而是到了東部花蓮的慈濟醫院。黃顯哲跟陳宗鷹說，慈濟也是醫學中心、也有大學和醫學系，邀他來花蓮看看。所以趁著成大尚未公布升任主治醫師人選之前的空檔，他安排了一趟旅遊，帶著全家到花蓮走走，也一起看看慈濟醫院的環境。

那是他們全家第一次到東部、也是第一次到花蓮。一九九四年陳宗鷹站在慈濟醫院門口，只有看到兩棟建築，後面就是宿舍，跟他所熟悉的醫學中心不太一樣。不過除了參觀醫院的環境，師兄黃顯哲也帶著他們到處遊覽觀光，下午到七星潭看海。黃顯哲跟他說：「每天下午三點半交班，四點左右就可以去七星潭看海，有時候四點半，就可以帶著老婆到太魯閣晶華酒店喝下午茶！」聽起來好像很悠閒、很不錯，加上小孩在花蓮也玩得很開心，陳宗鷹覺得慈濟是一個可以考慮的選項。不過就在回程返回臺南、行經南橫公路時，突然下起大雨，山洞封閉須走旁邊的便道，他們不熟悉路況，看到前面有一輛車就跟著往前開，結果路愈開愈不像道路。風強雨驟之下，一家人誤入河床，詢問前面車輛的駕駛，才知他也不熟悉路況，全家都非常驚恐，趕緊掉頭。後來才知他們誤入了叉路，車子應該行駛大吊橋才對。一家人回到臺南後，他重新詢問家人到花蓮的意願，太太和小孩都投反對票，讓他打消了念頭。

另一方面，原本住院醫師升任主治醫師的評選，在三選一的激烈競爭下，最後由陳宗鷹獲得留下來升任主治醫師的名額。他後來左思右想其中緣由，應該是在評核過程中，自己完全沒有做其他私下爭取的「行為」，而是專心做好該做的工作，還有做好老師交代的動物實驗等等。推想到最後，應該就是自己「憨直」的個性，認真做事，讓師長們選擇陳宗鷹出線。

也因為這樣，一九九五年陳宗鷹在成功大學醫學院附設醫院升任主治醫師，一九九六年升為講師。在成大附醫服務的近十年生涯，是他在麻醉領域奠定基礎與提升臨床、教學及研究等能力的階段，並成為臺灣第一位出國進修神經麻醉的醫師。

第2部

麻醉專業之路

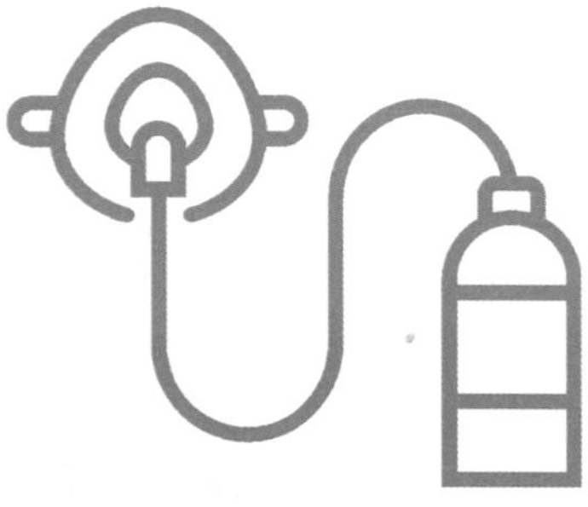

陳宗鷹曾經跟太太說一個笑話，

他在選擇麻醉科作為專科之前曾經做過觀察。

「我看麻醉科醫師好像白天都躺在沙發上休息耶，

大都是麻醉護理師在做，看起來也不會很累的樣子。」

他在當實習醫師時，覺得好像大部分的細節都麻醉護理師在做，

麻醉醫師只要唸書並下指令就好了，加上自己又很會唸書，

所以覺得當麻醉醫師還滿輕鬆的。

但是進入成功大學做住院醫師訓練之後，才知道完全不一樣。

麻醉醫師是救火員、也是飛機的機師，更是生命的守門員。

1 疼痛與嗎啡的祕密

剛升主治醫師時，陳宗鷹便跟著黃安年老師一起進行產科麻醉的研究，也做了許多產科的麻醉。產科麻醉包含兩個部分：一是剖腹產的麻醉、一是自然產的減痛分娩。其實做產科麻醉相當辛苦，第一是生產時間不定時，當時他仗著自己年輕體力還可以，不論晚上或清晨生產，他都願意配合。

沒想到，他的技術和專業做出口碑，醫院同事或醫療圈內的人遇到生產就找他，他也覺得可以幫忙同事朋友都是好事，未曾拒絕過請他麻醉的要求，同時也不斷累積自己的經驗和實力，他甚至親自為老婆敏華執行兩個孩子出生時的減痛分娩。

陳宗鷹跟著老師做剖腹產的研究時，發現一般在做剖腹產麻醉時，因為腰椎結構的關係，第四節和第五節脊椎附近的空間比較大，所以麻醉針比較容易打進去。但考量要達到麻醉的層度（LEVEL），亦須把產婦身高的因素考慮進去，有時候必須從腰椎的第三節或第四節脊椎來進行麻醉。

陳宗鷹也發現，理論上半身麻醉藥會麻到肚臍周圍，如果剖腹產是橫切就沒有問題，但如果是舊式使用直切的剖腹術式，那麼傷口有可能會高過肚臍一點點，所以麻醉的範圍就要再往上，麻藥必須要到肋間肌（T6）才有辦法覆蓋。

而產婦最害怕的是剖腹產之後的疼痛，他發現在進行剖腹產麻醉時，如果將麻藥加入非常微量的嗎啡，再打入產婦的脊椎，孕婦第二天的傷口，幾乎都不會疼痛，術後品質會好很多。

傳統的麻醉藥物，每十毫克可能會加 0.1 或 0.2 毫克的嗎啡；陳宗鷹和老師使用吩坦尼（Fentanyl）取代傳統的麻醉藥，吩坦尼也屬於嗎啡類的藥物，但強度是嗎啡的一百倍，是靜脈麻醉時常使用的藥品，如果要打入脊椎裡，濃度必須縮小到原有的百分之一；如果嗎啡是給 0.1～0.2mg 的劑量，那吩坦尼就是 0.1～0.2ug。陳宗鷹當時與老師的研究，就是在思考劑量如何搭配對病人最有利，他們設計各種不同的配方做測試，希望能找到最適合臺灣產婦的配方。

因為是照顧產婦和做研究，陳宗鷹對疼痛治療有了新的探索，例如：嗎啡類的藥物，是相當好的止痛藥，在麻醉劑中也常常添加。但如果沒有接受過手術、或很少接觸嗎啡的人，只要有一點點，就會有過量的反應。

止痛藥有很多種，最輕微的藥物就是普拿疼，用來減緩輕微的疼痛。在手術當中，則必須使用嗎啡類的藥物，才有足夠的止痛效果，所以幾乎所有手術都會需要使用到嗎啡類的藥物。

病人也會嗎啡上癮？

嗎啡類的止痛藥物有一個特性，就是會讓人「非常舒服」，甚至舒服到「忘記呼吸」。當醫師懷疑病人無法自行呼吸的時候，就有可能是發生「嗎啡過量」的狀況，必須要使用解藥（Naloxone）。

當在手術中使用嗎啡類的止痛藥物，手術結束，回到恢復室的時候，病人會逐漸清醒。這時體內的藥物還在作用，但因為有疼痛或外界的刺激，病人如果又覺得疼痛難忍，希望止痛，麻醉醫師可能會再幫病人追加一些止痛藥物，讓病人得到舒緩。

此時病人雖然不痛了，但原本還沒完全衰退的麻醉藥加上新的止痛藥，會有加乘作用，即可能發生病人無法（忘記）呼吸的狀況。

「我們就會關注監測器裡的氧合濃度是否開始往下掉？氧合濃度如果掉下來，就表示病人的換氣情形不好！」可能要去叫一下病人，或是拍一下病人，病人便又開始呼吸。陳宗鷹說，這時候就要懷疑是不是嗎啡藥物還在作用。而嗎啡上癮的病人，還有一個很大的特色，就是他的眼睛，會從原本黑色的瞳孔，縮得像針孔一樣細。如果這時趕快給病人解藥，就會看到非常戲劇性的變化，不到三十秒的時間，瞳孔放大成正常的狀態，接著就會看到病人變得非常清醒。

嗎啡類的藥物有許多種，最典型的就是「嗎啡」，所以陳宗鷹最常以嗎啡來對比其他藥物的藥性，作為止痛標準。以吩坦尼與嗎啡做對比，吩坦尼的止痛效果可以達到嗎啡的一百倍、起始作用也比較快，因為嗎啡是水性而吩坦尼是油性的藥物，所以它跟人類的細胞組織比較快融合。另一種過去外科醫師最常用的嗎啡類藥物則是地美露（Demerol）。地美露是已經被使用有一百年歷史的藥物，簡單又有效，外科醫師相當習慣使用。但手術也有分不同的疼痛程度，如果疼痛很輕微，不用非類固醇的止痛藥而直接使用地美露，那麼產生上癮的機率相對較高。由於嗎啡類的藥物容易產生一種叫做「充滿歡愉的幻想」的感覺，一不小心就會上癮，甚至產生心理上的渴望而嗜藥的情形，所以麻醉醫師在疼痛控制上，需要非常仔細的使用。

最重要的是，陳宗鷹堅持醫院藥局一定要備好嗎啡上癮的解藥，雖然機率很低，藥物便宜沒有利潤，但牽涉病患用藥安全，必須有備無患。

2 臺灣第一位赴美進修神經麻醉的醫師

臺灣麻醉醫學會依不同專長和領域，於麻醉科下分出次專科，包括：神經麻醉、心臟血管麻醉、小兒麻醉、一般麻醉與產科麻醉等等。麻醉跟重症照顧也有關係，所以還包括重症、另外還有疼痛治療。有醫師是專長心臟麻醉、有醫師專長疼痛醫學，當然也有專長神經麻醉。雖然在開刀房做久了，有既定的流程，但當時成大附醫麻醉部，還沒有人專精於神經麻醉的領域，尤其是術中神經功能的監測。當時在臺灣，主要是林口長庚醫院有會做神經麻醉的醫師，但也是相當少數。

麻醉部主任張傳林醫師也是陳宗鷹的恩師，陳宗鷹升上主治醫師之後，老師認為當主治醫師之後要有自己的專長，便問他想走哪個次專科。他想到自己原本想走小兒科，後來選擇麻醉科之後，做小兒麻醉，對他而言有補償心態，加上本身就很喜歡小孩，陳宗鷹覺得孩子若到了必須動手術的地步，自己可以在手術室裡守護孩子，「至少在麻醉的範圍裡，我可以幫助他們，讓他們可以平安恢復。」

然而當時高他兩屆的學長李廣釗醫師已經專精於小兒麻醉，臨床技術也很傑出，老師認為不要重複，加上目前院內還沒有人走神經麻醉，便鼓勵陳宗鷹走神經麻醉的領域。但他自覺神經麻醉並沒有學得特別好，一度猶豫，不過後來就安慰自己，也有很多小孩會需要手術接受麻醉，或許走神經麻醉也能專精小兒神經麻醉，一樣能守護開刀房裡的孩子。

一九九五年，三十三歲的陳宗鷹升主治醫師，一九九六年，三十四歲時，主治醫師第二年就升任講師；二〇〇〇年他三十八歲時，曾提過一次副教授升等，沒有成功，那時候學校給的理由是他太年輕，而且必須要有國科會的優良學者獎項。其實當時優良學者的獎項已經取消，而「太年輕」這個理由，讓人不太容易接受，但陳宗鷹沒有說什麼，繼續累積自己的能量。隔年二〇〇一年，三十九歲的他，再度提出副教授的升等。而這年也在經過三年的努力後，終於獲得醫院只有補助四名的進修容額之一，他開始準備申請到國外醫學中心進修。

臺灣早期，到美國、留在美國的麻醉醫師大都是心臟麻醉的專家，包括知名的臺大醫學系畢業的姚繁盛教授（也是紐約慈濟人醫會召集人），就是在美國康乃爾大學醫學中心，專精心臟麻醉，是康乃爾大學非常知名的麻醉科教授。

當時院內學術研究和出國進修的風氣很盛，成大醫院的曾稼志主治醫師，比陳宗鷹早幾年獲得補助到美國進修，就是到姚繁盛教授門下學習。隨著這個制度，陳宗鷹也覺得應該出國深造，他以自己有興趣的神經麻醉主題「術中神經功能監測」加上已完成的研究成果去申請，從網路尋找了幾個此領域知名的「專家」（大教授），履歷投了五家醫院，結果只收到兩家回覆。其中一位教授原本在加州，但被挖角到美國中部當主任，自認沒時間再指導博士後研究員，所以沒辦法帶他。就在覺得或許沒機會、需重新寄履歷的當兒，最後一家醫院竟傳來回覆，告知他可以去當博士後研究員，這家醫院叫做「約翰霍普金斯醫學中心」（Johns Hopkins Medical Institute）。收到回覆，他真是喜出望外，但他不太認識這家醫院，申請獲准後他跑去問張教授：「約翰霍普金斯好不好？」當時陳宗鷹純粹依照興趣和神經麻醉的領域來投履歷，並不清楚約翰霍普金斯的排名，也不知道這座醫療院所是曾創下許多第一的名校。就這樣，他成為臺灣第一位到美國約翰霍普金斯醫學中心神經麻醉暨重症照護部門，學習神經麻醉與基礎研究的麻醉科醫師。

二〇〇一年，準備年底要出國那一年，紐約發生了九一一恐怖攻擊事件，美國的情勢動盪不安，許多人勸他不要去，朋友也跟他說，約翰霍普金斯醫院附近的社區較為不安，要注意安全。但他思忖好不容易獲得教育部的補助計畫，年底一定要出國，才能符合規定，且當時又是升副教授的評核階段，在校教評之前不能出國。正在進退兩難之際，一位曾受過他協助做剖腹產麻醉的同事跳出來幫忙，才解決了此事。陳宗鷹常常協助同事，尤其生產這種不定時的狀況，即使是半夜或臨時，他都全力以赴。那次剖腹產的麻醉過程和結果，都讓這位同事非常滿意與感激，加上她正好在人事室服務，便很熱心的替他尋找適用的條文，終於讓他能順利升等副教授，又趕上出國補助的履行期限，讓陳宗鷹第一次感受到「好人有好報」的欣慰。於是，二〇〇一年底，三十九歲的陳宗鷹升等為副教授，也負笈前往位於美國東岸的馬里蘭州，到約翰霍普金斯醫學中心報到，並於隔年開始臨床神經麻醉與基礎研究的進修。

在約翰霍普金斯醫院 大開眼界

他申請的是神經麻醉與重症照護部（Division of neuroanesthesia and critical care medicine）的博士後研究員（Post-Doctoral fellowship）。他發現麻醉部總共有兩百多位員工，包括醫生、博士以及醫生兼博士，這單位受歡迎的程度，從一年約有四百位醫師應徵四十二個住院醫師缺額就可以看得出來，其熱門與競爭激烈可見一斑。他的老師是神經麻醉與重症照護部門主管——馬瑞克・亞歷山大・麥斯基教授（Marek Alexander Mirski, M.D., Ph.D.）。

剛到約翰霍普金斯醫院的時候，他最想學的是在麻醉的過程中如何監測術中的神經功能，以利做好神經保護。因為不論是開脊椎或是開腦，都跟人體的神經系統有關，所以他希望學會神經保護和神經麻醉的監測，也帶著這個想法跟老師談自己的學習規劃。

約翰霍普金斯醫院有六間開刀房專門在做神經外科手術，其中兩組到三組由神經內科醫師帶技術員進行術中神經監測。由於在美國，神經監測是神經內科的領域，所以麥斯基教授相當驚訝，陳宗鷹身為麻醉科醫師，怎麼會想學神經監測。不過，因為指導教授麥斯基具備神經麻醉與神經內科雙專長，所以可以理解陳宗鷹的想法，聽完陳宗鷹的解釋，也理解臺灣的醫療環境，因此特別幫忙安排陳宗鷹進開刀房，與神經內科醫師帶領的手術中神經功能監測團隊，一起學習這項臨床技術。

約翰霍普金斯醫院在照顧病人的作法上，也採用雙專科共同照護制度，神經麻醉科除了負責開刀房神經外科手術的麻醉外，還要照顧神經重症加護病房，所以白天神經麻醉有六位麻醉科主治醫師，負責開刀房的手術麻醉與監測；而在神經重症加護病房，則另有六位神經麻醉主治醫師與六個神經內科主治醫師，共同照顧加護病房的病人。

在這個醫院裡，這樣雙專長共同照護的重症單位總共有九個，都是不同科共同照護，麻醉科是重症病房非常重要的主力。譬如：小兒加護病房，是小兒麻醉科醫師跟小兒科醫師一起照顧。在神經麻醉暨重症科也是跨科別一起開會，從神經內科的觀點，和麻醉科醫師從開刀房裡看到病人的觀點合併、討論，找出最適合的治療方式。陳宗鷹剛去的時候，完全聽不懂，專業部分還能抓到一點重點，但若同事討論當地的文化或民俗風情，他就繳白卷了！經過了半年，才總算逐漸聽懂，例如大聯盟金鶯隊或美式足球烏鴉隊戰績的話題，終於與單位同仁更加熟悉，而多少可以加入討論了。

3 神經功能監測的奧妙

神經麻醉除了要用藥物配合神經外科術式，其實還要發展術中神經功能監測，而神經功能有體感神經傳導、運動神經傳導、聽覺神經傳導、腦波等等。以「體感神經誘發電位的監測系統」為例，在臺灣的九〇年代末，只有林口長庚醫院有幾位負責神經的麻醉醫師在執行。

這是最常用在脊椎手術的監測系統。神經外科和骨科都會執行脊椎相關手術，若執行體感神經誘發電位的監測，須從每個人手上的正中神經（Median nerve）或腳上的脛後神經（Posterior tibial nerve），外扎一支細針、或貼上一個電極。通電之後，正常功能的神經，就會往大腦傳導訊號，沿著體感神經傳導途徑經過頸椎或腰椎、胸椎到腦部，腦部有一個接收體感神經訊號的地方，專門掌管冷熱觸痛等與外表身體有關的感覺。

當人在清醒的時候給予電刺激，身體會感到痛、麻或有反應；但在麻醉的時候，因為麻醉藥物的關係，人體沒有感覺，所以要了解神經傳導功能表現是否正常，訊號是否正常傳遞，就需要有可以監測的機器，來讀取腦部是否有接收到神經傳達的訊號。

當從外部給予電刺激之後，腦部就會接收到一個訊號，所以如果從手部電刺激到腦部讀出的體感傳導都正常，訊號會很漂亮地呈現出高峰和低谷的波形，表示神經處於正常狀態，並會依據時間差、速度是否變快變慢、波形深度來判斷神經傳導的品質。不過，這種神經傳導的功能，每個人呈現的訊息會有一些不同，所以負責監測的醫師做判讀時，只需跟病人自己原本的神經功能相比。譬如糖尿病的病人波形或許不是那麼漂亮，但只要有波形呈現，就表示他的神經功能還是可以的。

至於為什麼要做體感神經監測？因為人體的體感神經和運動神經是走在一起的，如果在術中，體感神經的訊號突然消失了，就必須要有監測者可以判斷原因，有可能是麻醉藥物影響、血壓影響、或是外科醫師不小心拉到，就連體溫降低了，訊號也會受到影響。這就是在神經麻醉的「術中神經功能監測」的領域，也是陳宗鷹去約翰霍普金斯醫院臨床要學習的重點。

當時在美國已經有好幾家醫材公司，在發展這種解讀術中神經功能監測訊號的儀器。同樣的訊號解讀，神經內科也會使用，而如何解讀儀器所產生的訊號，也是一個學問。不同的環境、就會有不同的判讀方式。

開刀房的環境跟神經內科不同。神經內科會以這些儀器來測試周邊神經或體感覺神經的傳導功能，通常都在神經內科檢查室裡進行，環境單純，甚至經由在牆壁內擺放銅網或特殊設計來減少干擾。但在開刀房裡面，第一個干擾是外科醫師使用的電燒，只要一電燒，這些電流都會收進儀器裡，所以訊號會像股票市場一樣強烈波動，因此儀器設備內必須要有過濾器，以排除掉電燒所產生的強烈電流。神經麻醉科醫師要做的就是化繁為簡，排除所有不需要的訊號，只留下需要的訊號。此外，每一間開刀房的神經功能監測儀器要放在什麼位置，都要清楚訂出來，因為有複數的電器或儀器使用同一個插座，也會有交流電干擾。儀器要擺在哪裡，怎麼設計插座，都是學問。

麻醉是藥也是毒，必須謹慎使用

到約翰霍普金斯醫院，除了學習術中神經功能監測這個主題，他也加入他正在做的基礎研究：探討吸入性麻醉劑，保護腦部神經功能的實驗。「神經保護」是他在去美國前就已經與成大神經外科李宜堅醫師合作的實驗主題。

這個以動物實驗為主的神經保護實驗，是以中大腦動脈阻塞造成大腦梗塞（模擬腦部中風）的老鼠模式來實驗，就手術中所使用的麻醉藥，有哪些可能在術中提供神經保護，而達到保護腦部的效果？

藥物的作用，本身就具有毒性和治療性，麻醉藥物也是如此，使用上亦是一體兩面。平常可以用來治療，但若稍不小心使用得不對，也會產生毒性。

在麻醉過程中，腦部會不會受損？包括麻醉對失智、對腦部的影響等，都有各種真真假假的傳聞，因為沒有辦法用人體真的去嘗試，所以大多只能用動物實驗來探討。

英國曾做過一個大規模的兒童試驗，研究者用回溯性的方式，探討一歲以前有接受過麻醉的嬰兒，在進入小學後的成績狀況。這個研究收集了上萬人的資料，結論是一歲前接受麻醉，會影響學習。但這樣的結論，也使醫界存疑，因為從一歲到入學之間的時間太長，有太多變數和因素會影響學習。只不過，雖然數據不完全可信，但因為有人提出這樣的說法，讓很多學者和麻醉科醫師對麻醉藥的使用，有了更審慎的態度與想法，認為小心使用麻醉藥物的確是必要的，也因此引發更多人嘗試做更多的研究，來探討麻醉藥物的保護作用或毒性的影響。

尋找最佳麻醉藥物

嬰兒時期是神經系統快速發展的時期，在嬰兒期接受麻醉，到底會有什麼影響？就像剛出生的老鼠，讓牠吸入麻醉藥劑，牠的神經系統到底會不會受影響？有人做過這種動物實驗，發現麻醉藥會抑制神經纖維成長；但也有人用了另一種麻醉藥物，反而神經成長會增快，結果變成促進神經生長。

陳宗鷹的想法則是，麻醉藥有很多種，自己是麻醉醫師，專長是神經麻醉，當病人在開刀中腦部被打開，外科醫師在做手術時，希望自己使用的麻醉藥物是提供保護，讓病人可以安全、又不會清醒的。而他也希望找到一種麻醉藥物，可以增加神經保護，「在微觀之下，病人的神經功能，因為我使用的麻醉藥物而達到保護；外科醫師手術時也可以因保護作用，而盡量避免傷害，讓病人在手術結束後可以恢復得更好。」只可惜，現實中一直無法找到理想中的麻醉藥物！

當時，麻醉領域剛好有兩個很熱門的研究主題：一個是陳宗鷹有興趣的神經保護；另一個就是神經毒性，其實這是所謂的一體兩面。同樣的吸入性麻醉劑，有人做出來是神經保護、有人做出來是神經毒性，因為一直有爭議，反而就一直有研究產出。

陳宗鷹帶著他的吸入性麻醉藥對神經保護作用的想法，在約翰霍普金斯神經麻醉劑重症科的實驗室，學習做神經保護的動物實驗。此實驗室在神經保護方面的研究，在學術界相當有名。他跟著兩位指導他研究的教授——一位是阿尼許・巴爾德瓦吉教授（Dr. Anish Bhardwaj）是神經麻醉劑重症科的一位神經內科醫師，另一位則是早期從臺灣到約翰霍普金斯神經麻醉劑重症科的麻醉教授童瑞恭醫師。實驗作法就是使用動物中大腦動脈阻塞，造成大腦梗塞模式。首先，必須製作如棒球棒頭形狀的 DexonII 4-0 線頭，再把此線頭置入老鼠的中大腦動脈，塞住十五到三十分鐘，因為沒有血流供應，梗塞後無血流供應的腦部細胞，就會死亡，死亡的腦細胞，經染色之後就會出現白色的狀態。但以同樣的梗塞方法，陳宗鷹打入預設的藥物，白

陳宗鷹與他在美的指導教授阿尼許・巴爾德瓦吉（Dr. Anish Bhardwaj）合影。

在美期間，陳宗鷹參加 2003 舊金山麻醉醫學年會，與對他照顧有加的童瑞恭教授（右），以及繼他之後到約翰霍普金斯進修的「學弟」—— 新光醫院麻醉科主任張怡（左）合影。

色的面積範圍就縮小了；另一個對照組是給予生理實驗水，梗塞範圍則沒有變化。以此證明，他所使用的藥物對細胞的保存是有幫助的。而在梗塞過程中，還必須去檢測脊髓液裡面有沒有各種胺基酸及蛋白質的變化等等，以檢測梗塞後可能會有的發炎現象，包括腦部細胞可能會分泌一些物質，所以需要抽出老鼠腦部的脊髓液，去觀察其發生機制。

做這個實驗，需要用引流管插入老鼠腦部把腦脊髓液引出，引流管一小支就要五十元美金。為了省錢，老師要陳宗鷹用舊的引流管學一個多月，熟練之後，才拿出新的引流管，讓他做真正的實驗。

雖然，最後吸入性麻醉藥對神經保護的部分，只停留在動物實驗，但如果真的遇到有腦出血的病患必須開刀，陳宗鷹認為至少在眾多推論可能的麻醉藥裡，自己會挑的麻醉藥，是他在動物實驗裡發現有保護作用的麻醉藥物，期望能對手術過程和病人預後有更正面的幫助。

精密技術研發，令人驚嘆

陳宗鷹的麻醉科前輩曾稼志主任到美國進修的時候，在紐約得知有一間「貝斯以色列執事醫療中心」（Beth Israel Deaconess Medical Center），是康乃爾大學醫學院主要的教學醫院，專門在做神經功能監測的發展，團隊實力非常強大，其中一位技術員蔣姍姍還是臺灣人，曾稼志知道陳宗鷹也在美國學神經麻醉，就介紹他到那家醫院去做短期觀摩。（後來，他到慈濟才知蔣姍姍也是慈濟人。）

人體總共有十二對腦神經，這所醫院已經發展到可以在術中對每一對腦神經做神經功能的監測。譬如病人手術的時候，可以順著插管（endo）之處，在一個地方用電極針（電刺激針）勾到腦部第十一對腦神經支配區域，隨時監測功能。因此開刀過程中，氣管就不會壓迫到神經，術後就不會因此而聲音沙啞，而其中使用線材及儀器都是院方自己研發。陳宗鷹看到該校已經可以做到這樣的神經功能監測，高超的技術展現在自己眼前，真的覺得非常驚嘆。

「我們的第八對腦神經是聽神經，有可能長一種聽神經瘤，要開刀取掉聽神經瘤時，如果做第八對和第七對腦神經的監測，原則上就可以避免術後變成嘴歪臉斜，俗稱『鬼吹風』的後遺症。」陳宗鷹說，第八對的聽神經和第七對的臉運動神經路徑是走在一起的，當聽神經的腫瘤長出來時，極有可能壓迫或包覆到第七對的臉運動神經，當醫生清除腫瘤的時候，說不定會傷害到臉運動神經。如果可以做監測，就能看到第八對聽神經的波形和第七對臉運動神經的波形變化，此時表示神經功能是正常的，外科醫師就可以不用擔心地慢慢清除。神經訊號是可以不中斷的，做此神經功能監測的醫師隨時讀取，當訊號開始變小，監測的醫師就會告知神經外科醫師，訊號狀況需要特別留意。有些腫瘤可能真的黏得太緊，為了清除腫瘤，在術中甚至無法避免神經損傷。在美國，如果因為清除腫瘤的手術而影響到神經，只要術中有做神經功能監測，病人就比較可以接受；但若在開聽神經瘤的手術，而沒有做神經功能監測，造成神經損傷，病人是有可能提告的。

但要做這樣的手術神經功能監測，必須要外科醫師和麻醉醫師的互信程度高，如果彼此信任度不夠，若發生意外可能會互推責任。再則臺灣當時還沒有這樣的概念，且健保有限定科別申報，所以一直沒有廣泛的推動。貝斯以色列醫院的經驗，讓陳宗鷹對醫療的進步和細膩大開眼界，相當驚豔。

4 佛羅里達旅途驚魂

在美國進修的時間，如梭飛逝。就算一年有五十萬元臺幣、相當於一萬六千美元的補助，但整年下來，陳宗鷹一家四口，在物價高昂的美東生活，仍相當不易。每個月的房租，就需要一千一百至一千兩百美金，還好當時哥哥將以前父親耕種的老家兩分地出售後，匯了一筆錢到美國，給他貼補使用。

陳宗鷹在約翰霍普金斯的研究及各方表現良好，年初才報到的他已有不錯的成果，於是在指導教授們的指導下投稿論文摘要，年底在佛羅里達舉辦的美國麻醉醫學學術年會發表，陳宗鷹要前往參加並發表論文摘要。他心想，既然要到佛州，就計畫會議期間帶全家一起去迪士尼樂園遊覽。於是他們訂了某家航空公司，單純覺得這家機票比較便宜，沒有想太多就買了。到了機場，才知是依先後順序排隊劃位登機，排了一個多小時，全家人終於搭上航班。班機預計從馬里蘭州先飛到北卡羅來納州降落，接其他的乘客上機，再飛往佛羅里達。一切行程都順利進行，但就在飛機暫停北卡羅來納機場的時候，一位白人女空服員直接走到陳宗鷹他們全家面前表示，他們的座位已經有人訂位了，請他們下飛機。陳宗鷹認為這樣的要求並不合理，他們買的是到佛羅里達的機位，沒有道理要他們下飛機。陳宗鷹跟空服員據理力爭，表示自己是買票上飛機，而且有兩個小孩，還有行程問題，必須趕到佛羅里達參加會議。但空服員並不理會，且態度非常強硬，要求他們必須先下飛機，在機場再改訂下一班有空位的飛機，甚至揚言如果再「鬧下去」，就要叫警察。陳宗鷹和太太無奈之下，為了全家安全只好先下飛機，在機場等待時，才發現是航空公司機票超賣，只因自己是亞洲人，而被請下飛機。

一家四口被趕下飛機，困在人生地不熟的北卡羅來納機場，夜幕降臨後全家幾乎感到絕望。還好當下陳宗鷹緊急決定租一輛好一點的車，心想既然三更半夜也無處安身，就直接從北卡羅來納機場開上高速公路，往佛羅里達前進，他預估應該可以趕上隔天一早舉辦的醫學年會報告。沒想到，屋漏偏逢連夜雨。在高速公路上前進到一半就遇上暴風雨，沿途打雷加閃電，甚至一顆顆冰雹不斷落在車頂，非常恐怖。陳宗鷹和太太心想會不會一家四口，就要在深夜的高速公路上送命了？為了全家人的安全著想，陳宗鷹放棄了必須趕上醫學會的念頭，趕緊先駛下交流道，找一家高速公路旁的旅館讓全家休息安頓，等隔天天氣好轉，他們再繼續前進。

最後，陳宗鷹還是沒趕上醫學會論文發表時間，無法報告他的論文，只能參加部分會議議程。回到約翰霍普金斯之後，神經麻醉部的主任麥斯基聽聞他的遭遇氣憤不已，為他寫信到航空公司客訴，最後航空公司確實將機票全額退費，又送了兩張機票彌補。但陳宗鷹覺得這種經驗一次就夠了，這輩子自己再也不敢搭這樣的班機了。

也因為這個經驗，他們夫妻之後不再貪便宜搭乘廉價航空，也體會到美國雖然生活品質和研究風氣都很好，但亞洲人在美國這樣的環境，再怎麼樣也無法避免種族歧視的問題，在這裡，往往是白人歧視黑人、黑人歧視黃種人。歧視的問題，不管在速食店或是在醫院科部裡，都會遇到。雖然美國的科部主任待他極友善，但也有白人的醫師同事，總是用下巴看著他，這種狀況確實存在。

收穫豐富的留學之旅

一年的補助進修時間，很快就到了。因為他表現優異，指導教授之一阿尼許教授希望他繼續留下來把實驗做完，於是，幫他申請每個月兩千五百元美金的獎學金作為薪水，但第二年的房租，每個月漲到一千三百美元，生活費依然很高，扣掉房租，全家人每個月只剩一千兩百美元的生活費。由於太太的姊姊本來就住在美國紐約州，她很希望陳宗鷹夫妻能留下來，夫妻也曾考慮過是否繼續留在美國工作，太太有護理師的執照，在美國可以優先拿到綠卡；但他只能做研究員，因為美國不承認其他國家的醫師資格，若想在美國執業必須重考醫師執照，還得重新實習醫師與住院醫師。所以陳宗鷹和太太最後依然決定於二〇〇三年六月回臺灣。當他們去美國時，正發生九一一，親朋好友們都力勸他們不要去美國；而當他們準備回臺灣時，臺灣爆發 SARS，麥斯基與阿尼許兩位教授告訴他臺灣很危險，希望他留下來，但陳宗鷹仍然決定回臺灣。他不但負責任地在剩下的半年內把實驗做完，並同意依兩位指導教授的要求，讓成大繼續派人來進修，建立起往後兩邊三年的研究及人才進修的合作。

這次出國進修的經驗，雖然過程裡收入減少了，但可以體驗國外不同的生活和國際觀，也打開視野，並讓全家人一起擁有許多美好的家庭回憶，陳宗鷹覺得很值得。馬里蘭州位於紐澤西州和華盛頓哥倫比亞特區（Washington District Of Columbia）之間，氣候不特別寒冷但四季分明，他進修的這段期間，經歷了馬里蘭州夏季高達四十度的高溫，並遇到一百多年來最大的一場大雪，雖然他鏟雪鏟得很辛苦，小孩卻在後院山坡滑雪滑得不亦樂乎。那時候不用值班，假日可以完整的陪小孩，他能感受到真正的家庭生活，全家人也都留下很美好的回憶。

二〇〇三年六月，他們全家不顧 SARS 威脅，搭上飛機回到臺灣。原本陳宗鷹已經計畫將所學帶回成大，好好在麻醉科發展。沒想到，回臺灣七個月後，他又因機緣來到了之前全家都不贊成的慈濟醫院任職，舉家搬遷到花蓮。

第3部

東部麻醫生活

二〇〇三年六月，陳宗鷹從美國回到成功大學附設醫院。
回臺後不久的十月，
花蓮慈濟醫院麻醉部主任石明煌
得知他是臺灣第一位出國進修研究神經麻醉的醫師，
便邀請他到花蓮慈院演講。當時他們並不認識。
演講結束後，石明煌主任熱情的向陳宗鷹提出邀請，
表達花蓮慈院的林欣榮院長正要發展神經領域，
希望有機會陳宗鷹可以帶著專業來花蓮發展。
這是繼多年前他準備升主治醫師時，
學長黃顯哲醫師邀請他來慈濟後，慈濟醫院的醫師第二次對他提出邀請。

1 到偏鄉再做一次住院醫師？

從住院醫師開始接受訓練、接受栽培並出國進修，陳宗鷹在成大待了十二年，他不諱言對成大醫院有著很深的感情和認同感，也滿懷雄心壯志，希望奉獻所學。學成歸國的他，年輕又有專業學養，已是麻醉界舉足輕重的副教授，備受矚目。但世間的機緣，有時候就是如此奧妙。當陳宗鷹在國外進修時，受到一位主管的賞識。主管每回飛去美國探視在國外求學的女兒之際，都會順道關心陳宗鷹的近況，了解他正在做的事和研究，返回臺灣後，時常以陳宗鷹為楷模，對他讚譽有加。沒想到，這反而為他招來周遭不必要的防範和戒心，甚至讓醫院裡耳語盛傳陳宗鷹回國後就會直接接手麻醉部主任。流言蜚語，讓陳宗鷹一回國就捲入人事的糾結之中。

陳宗鷹並無心於行政工作或爭取更高的職位，他一心只想做麻醉、訓練住院醫師和教學研究。沒想到，這樣的人事紛爭，最後讓他連國科會的申請計畫，都因為有心人的阻撓而無法送出；甚至在手術室也經常遭受刁難，除了排班問題，還有主刀醫師在麻醉專業上對他提出無理要求，讓他心理壓力很大，更擔心病人安全被忽視，十分難受。面對同僚沒有堅守身為醫者該有的行為，除了讓他心灰意冷，他卡在人事糾葛的反覆狀態裡，這環境也讓他覺得難以接受。做麻醉和教學，變得不再快樂，於是他和太太商量，決定要遠離烏煙瘴氣、遠離權力的中心，到一個可以專心做好工作、好好教學傳承的地方。而他想到的那個地方就是最偏遠的東部，那裡有一個花蓮慈濟醫院，而且，別忘了，那裡還有一間慈濟大學。

於是，他聯繫上之前邀請他來花蓮慈院的麻醉部石明煌主任，並「講好條件」——來花蓮的前半年，他「只要當麻醉醫師，其他什麼都不要做」。在石明煌主任一口答應後，陳宗鷹和太太就帶著兩個還在唸小學的孩子，來到完全陌生、而且有著驚恐迷路回憶的花蓮。

「你要去花蓮養老了！」、「那是假的醫學中心啦！」「花蓮的醫院都是準備退休才去的！」陳宗鷹決定到花蓮任職時，許多過去的同事、舊識都很吃驚，有的曾與他同甘共苦，不捨他離開；有的奚落他，認為他貪圖輕鬆，準備退休；甚至有學生寫信給他，說：「因為老師，我才選成大麻醉科，結果老師竟然離開！」這位住院醫師原本計劃在第二年，開始訓練心臟麻醉和小兒麻醉，結果因為當時的壓力，這位住院醫師後來放棄了麻醉科，也讓陳宗鷹內心感到十分愧疚。

而原本對他欣賞有加的主管，得知他要到花蓮慈濟醫院任職後大發雷霆，認為他遭受的閒言閒語和刁難都是人生必經的過程，沒有必要如此在意。主管氣極了，罵他見利忘義、枉費自己過往對他的苦心栽培。殊不知，陳宗鷹有苦說不出，為了要到花蓮任職，陳宗鷹甚至必須賠償成大醫院送他出國進修的費用，總共一百六十幾萬元，他和太太存款就只剩十萬元，來到花蓮重新開始。

剛從陽光普照的臺南府城搬到花蓮，陳宗鷹和太太第一個適應困難之處就是花蓮的潮濕感，這是住在臺南不曾有過的經驗。剛搬來，他們分配到宿舍一樓，離入口處不遠，這一點也讓他們很不適應。第一沒有隱私；第二人來人往，喧鬧吵雜；第三是宿舍空間比以前在成大的宿舍小很多，再加上潮濕感，讓習慣南部乾爽空氣的他們不是很舒服。雖然石院長有跟林碧玉副總提過能否幫忙賠款一事，但陳宗鷹第一時間對於自己是否能長久穩定在花蓮待下來，並沒有很大的信心，因此婉拒了兩位鈞長的好意。礙於現實考量，在美國進修期間沒有收入只有花費，而回來沒多久又賠給前醫院不少進修違約款，再加上搬家的費用，陳宗鷹幾乎等於沒有積蓄，必須趕緊工作養家。所以他與太太約定，先給自己兩年的時間觀察適應再做決定；於是他們逐漸適應花蓮的節奏，包括：居住的環境、上班的步調、還有始料未及沒有住院醫師一起的值班……。

二〇〇四年二月，陳宗鷹來到花蓮慈濟醫院任職，而花蓮慈濟醫院恰巧在二〇〇三年已經升格為醫學中心。已經在成大待了十二年和曾進修國外約翰霍普金斯醫學中心規模的他，剛接觸到花蓮慈濟醫院，便發現這裡不論是形式、人力、教學模式和氛圍，怎麼感覺都不像一間醫學中心。最讓他驚訝的是，麻醉部甚至連一位住院醫師都沒有，全靠五位主治醫師撐著，麻醉業務必須大量仰賴麻醉護理師，也因為沒有住院醫師，陳宗鷹彷彿又重新當了一次住院醫師，開啟了他久違的、驚險刺激的值班生活……。

驚險萬狀的值班生活

一天下午，一位急診胃穿孔的病人被送進開刀房執行麻醉，外科醫師開始手術，一切尚稱順利。正當陳宗鷹轉到隔壁手術房，進行另一位病患的麻醉時，他的手機響起，傳來麻醉護理人員的聲音，「十五房病人心跳、血壓突然不好，您趕快過來。」他一邊接起電話，一邊往十五房衝去，看到病人狀況馬上進行急救，打強心劑矯正酸中毒、電解質。就在一、兩分鐘內，病人的生命現象逐漸回穩，他再使用食道超音波為病人檢查心臟功能，這才發現原來這位急診病患有嚴重的心臟瓣膜問題。幸好搶救得宜，麻醉人員才能守住這位病人的生死門。

過了兩天，陳宗鷹接班的是一檯主動脈剝離的大手術。到了晚上九點，病人手術結束，終於平穩的轉送加護病房。他心想今晚應該可以休息了，誰知半夜兩點，值班室內線電話響起，急診室送來兩位發生車禍的年輕人，十七歲傷者，在急診搶救還來不及送到開刀房，中途已往生；另一位十二歲病人下顎整個被撞碎，必須到手術室搶救。陳宗鷹連忙趕到開刀房，由於少年下顎已破碎，急診所做的暫時性呼吸道穿刺無法維持太久，外科務必立刻做氣切，才能繼續手術。外科醫師努力好幾次要在氣切處，置入氣管內管，但陳宗鷹看到吐氣末端連接的儀器面板上，二氧化碳的波形一直未顯現，而且氣道壓力非常高，表示氣管內管沒有在氣管內，必須重來。眼看著病人的心跳及氧氣濃度開始下降，當時他心裡又急又擔心，腦子裡一直在想有沒有其他別的辦法。眼看外科醫師已經失敗好多次，深怕自己的緊張情緒造成外科醫師的壓力，只好強裝鎮靜跟外科醫師說：「慢慢來，看清楚氣管，再來一次！」心裡則不斷祈禱，這次一定要成功，不然就沒有機會了……」他一邊囑咐同仁給病人強心劑，一邊看著外科醫師從氣切處，置入氣管內管，二氧化碳波形終於出現了！氣管壓力也回到正常值了！「佛陀保佑……」真的是生死一瞬！陳宗鷹已嚇出一身冷汗，頓時心中也湧現篤定的感覺：「這孩子還是有希望救回來。」

日子，就在瞬息萬變的忙碌中過去。一個上班日的中午，他接到隔天有肝臟移植手術的通知，不過接受肝臟的病人狀況已經非常不好，陳宗鷹心裡有底，這將又是一場硬仗了。手術當天清晨即著手準備，陳宗鷹為接受肝移植的病人進行麻醉，外科的主治醫師一整個上午進行剝離與摘除準備移植的肝臟，直到下午四點終於為病人植入新肝，陳宗鷹監督流血量仍在可接受範圍，血壓、心跳在藥物輔助下也可以接受，心想過程還算順利，也許病人可以獲得新生。

誰知樂觀的念頭才剛一起，難關就開始了。植入病人身體的新肝臟，並未馬上發揮功能，且一直流血不止。陳宗鷹和麻醉團隊積極補充血液、藥物，前後輸了近四萬四千五百C.C.的血。一直努力到晚上八點多，病人第一次心跳停止，經過醫療團隊搶救，到晚上九點左右稍有起色，但一直撐到九點半，病人依舊沒有好轉，最後還是無力回天往生了。

經過了十幾個小時的手術，晚上十點拖著疲累的身體走回宿舍途中，陳宗鷹心裡感到難過又無力，覺得自己這位守門員未能守住這道生死之門。回到宿舍，太太看他一臉倦容，只聽他吐出短短一句「病人走了……」也不再多問，只柔聲說早點休息。隔天一早，他仍一直存在著病人為何不能救活的疑問，久久無法釋懷，只希望這位病人教給他的經驗，能讓他往後為其他肝臟移植患者麻醉時，更完美的守住生死大門。

陳宗鷹想起在剛進入麻醉領域時，老師張傳林教授曾教導他：「麻醉醫師在外科醫療團隊的角色，就像是開飛機的機師，與病人同在一架飛機上。不論起飛、降落，或飛行中途遇到亂流，都需要麻醉醫師專注的精神與專業能力，才能確保病人的安全。」在成大醫院多年，亦師亦友的同事曾稼志主任也曾告訴他，「麻醉醫師就像是消防隊，哪裡需要搶救滅火，就往哪裡去，要盡其所能的撲滅每一把火，搶救病人的生命安全。」到慈濟之後，他更深深體會這座醫院在這裡的重要性，要救治各種不同的傷患，麻醉醫師更是病人生死之門的守門員。

2 被討厭的勇氣

到慈濟醫院前半年，他的確只有單純做麻醉醫師，適應花蓮慈院的節奏和步調，重新與病人相處。半年之後，二〇〇四年七月，為了提供術後病人更完善的術後照顧與止痛，恢復室成為麻醉部的獨立單位，由他擔任恢復室主任，並接手麻醉護理師的訓練。

恢復室的病人都是剛開完刀、還沒清醒、情況穩定後就準備送往各病房的病人。陳宗鷹將恢復室視作「麻醉後重症加護病房」的規格運作，他也決定開始樹立品質要求。

要求品質，就應該要有訓練課程。恢復室的護理人員擔負很重要的功能，於是陳宗鷹開始規劃恢復室護理人員訓練計畫，第一個就是疼痛處理。包括病人被送出手術室後，甦醒時，會不會疼痛？若病人疼痛時，需要給什麼藥？除了醫師的醫囑，護理人員也需要了解藥物的作用，適不適合病人。由於醫師大都在開刀房裡忙碌，麻醉科醫師可以用口頭醫囑，請護理人員直接給予藥物或處置，並做好紀錄；護理人員甚至可以依據照顧病人的狀況，提供醫師一定的建議。

術後止痛是恢復室的指標之一，如果病人做自控式止痛，應如何達到品管要求，也就是醫師期望病人的止痛程度？假使都能維持疼痛指數在三分以下，就算是達到術後止痛的品管。如果有病人特別抱怨疼痛達到八分或以上，就需要重新檢討，是醫師所開的藥物濃度不夠？或是病人使用的自控式方法不對？尤其疼痛的感受因人而異，每一個人的止痛程度都不相同，必須了解之後，才能徹底的改善。這些細節，都是陳宗鷹一一要了解，並藉以建立更完善的制度。

麻姐訓練班

麻醉分成好幾個次專科，包括：心臟麻醉、一般麻醉、小兒麻醉、神經麻醉、產科麻醉……等等。臺灣東部麻醉醫師不足，陳宗鷹來花蓮時，慈濟醫院麻醉部只有五位主治醫師，連一位住院醫師都沒有。他看到這裡的同事，大家都是全能的，什麼麻醉都可以做；因為還沒有「次專」的觀念，變成大家什麼麻醉都會做，但不專精。一方面也是這裡的主治醫師太少，沒有辦法發展次專。

一般醫學中心的麻醉醫師，平均一人大約照顧兩間至多三間刀房，但當時的花蓮慈院的麻醉人力，每位麻醉醫師平均要照顧五間刀房，所以非常仰賴麻醉護理師。麻醉醫師若要在現場，就必須在五間開刀房間不斷穿梭，非常耗時費力，所以發展出來的因應之道，就是麻醉醫師輪番在不同的開刀房插管或麻醉完成後，每個開刀房間就讓麻醉護理師負責照顧，麻醉醫師會在固定的休息室中待命。如果手術中病人動了、血壓往下掉，麻醉護理師馬上打電話給麻醉醫師詢問醫囑指示，或由麻醉醫師直接到開刀房間處理。不過，這也造成若有特殊狀況，主刀醫師要等麻醉醫師處理，可能會有怨言。陳宗鷹認為，如果麻醉醫師當場就可以處理，執刀醫師術中的安全感以及病人的保障也跟著提高，而且穩定許多。

其實，許多醫院都會遇到同樣的問題，因為麻醉醫師很多業務需要仰賴開刀房俗稱的「麻姐」——麻醉護理師幫忙，這已經是難以避免的問題。為了讓麻護的能力更受信任，慈濟醫院相當嚴謹的開了「麻醉訓練班」。一般護理師要轉任麻醉護理師，必須先參加麻醉訓練班，在國內只有少數幾家醫院和花蓮慈濟醫院進行這種訓練。學員必須先上一年的課程，合格之後再服務兩年，訓練結束的評核會有筆試和操作，若未合格可以再延長訓練。整個訓練的過程中，學員領有薪水工作，這樣一方面解決麻醉護理師的人力問題，一方面也加強麻醉護理師的專業。這樣扎實的麻醉訓練，更連帶影響慈濟醫院的麻醉護理師，可以進一步應考專師資格（二〇二〇年修法，將麻醉護理人員授予正式官方定位——進階執業護理師，納入專科護理師證照甄審制度）。畢竟，東部因為麻醉醫師不夠，又沒有住院醫師，麻醉護理師可說是麻醉醫師實際臨床業務上很重要的幫手。所以，麻醉護理師具備妥善的訓練，等於也是為醫療訓練專業人才，為手術時做好麻醉的品質，提升病人安全的保障。

陳宗鷹接手建立麻醉護理師的訓練後，規劃學員必須在訓練期的前三個月完成「加強核心訓練課程」以加強麻護的專業能力；「進階核心訓練課程」則必須在訓練期的一年內完成。他請麻醉部的醫師分別授課，加強核心訓練課程包括：麻醉前評估、麻醉機操作、氣道評估與處置（含氣管插管和喉頭面罩教學）、生理監視系統介紹和基礎判讀、基礎藥理學、術中輸液、輸血評估及治療以及止痛藥理學；進階課程則分為：呼吸、循環、肝臟、腎臟、內分泌和神經等不同系統的生理學與疾病，以及不同專科，例如：心胸外科、骨科、產科、小兒外科與神經外科手術等等麻醉。

原本護理師都是上午八點上班，但開始訓練課程後，學員必須提早七點半到院上課，「所以，那時候有點被討厭！」陳宗鷹笑說，恢復室和麻醉護理師的訓練課程，就是這樣一點一滴的建立起來。

分析統計數據　提升照護品質

陳宗鷹從麻醉術後訪視，來解決病人遇到的問題，通常病人最大的困擾的就是：頭暈、寒冷、嘔吐以及傷口疼痛。陳宗鷹認為麻醉醫師最基本的想法，就是要避免病人在甦醒的過程中，覺得不舒服。如果能做好疼痛控制，並包括呼吸道、氣體濃度的監測以及注意心電圖、血壓等等，就能做好術後照顧的品質。於是，從病人進入恢復室開始，他要求每位病人都必須有「品質記錄單」。

所謂的品質紀錄，就是病人一旦出現問題，照顧的醫護就需要另外記錄，譬如：病人的血壓在恢復室是否有發生偏低或偏高於正常值的狀況，若有則需填寫並將處理過程詳加描述。整個月記錄完，之後看報表就可以統計出血壓偏低的病人比例為多少？原因可能為何？另外低體溫的病人有多少？嘔吐的病人有多少？從如實的品質記錄單裡，可以發現許多狀況，並評估這樣的閾值能不能接受。如果覺得有確實提升照顧品質的方法則提出，如此就可以即時改善。

從品質記錄單的統計與分析發現，第一個需要改善的問題，就是術後病人體溫偏低。「我們希望出開刀房時，病人的體溫是正常攝氏三十六度。因為手術時間不同和各種因素，有少數幾位病人體溫偏低是可以接受的。一段時間統計下來，我們可以設立閾值，成為一個指標。」

為病人止吐加溫

「如果一千個手術病人裡，低體溫的病人就占了百分之二十，我們就會發現在品管裡，最需要改善的就是低體溫。」於是，恢復室同時間回饋給開刀房內執行麻醉的同仁，開刀房的同仁就能開始幫病人保溫、保暖。所以後來在開刀房設置烘被，如果有需要，可以及時幫病人蓋烘被或加溫。除了有加溫毛毯，有些點滴也要先經過加溫器，再注射到病人體內，如此漸漸改善病人術後體溫偏低的問題，促進病患甦醒的時間。

而陳宗鷹也要求護理師，在病人完成手術後到恢復室之前，需要先確認其血壓正常，才能讓病人離開手術室，並以每月報表觀察病人是否有血壓偏低的現象，以確保病人在輸送過程的安全。

另外，最常困擾病人的術後疼痛問題，也是他認為攸關術後品質的重要指標。「術後的疼痛指數假設有十分，五分以下的疼痛程度，對病人而言比較能接受，但我還是希望可以控制在四分以下。」因此加強護理人員的疼痛藥物課程，介紹如何使用自控式止痛機器等等，也是改善疼痛控制品質的工作重點。陳宗鷹從品質記錄單裡，看到噁心嘔吐也是術後病人常遇到的狀況，從資料統計分析，如果麻醉的過程中，是不是有什麼處置，可以減少手術後噁心嘔吐的比例？有沒有預防噁心嘔吐效果的藥物，可以事先給病人服用？從恢復室的角度來看，不同的止痛藥物，可能會產生不同的噁心嘔吐情形。有些傳統藥物，一般醫師大都覺得沒問題，可是病人服用了，卻覺得不舒服，噁心嘔吐的比例就會增加，雖然時效長，但副作用相對多。「我們如果使用短效藥，劑量少些、效果又好的話，就應該可以取代。」

藥物的選擇，可以根據平時照顧病人的統計報表來分析、改善，透過對各項指標的監測，就可以回推，有哪些措施可以從手術房開始做起，哪些可以從恢復室加強。

「麻醉藥物因為要讓人睡著，所有的人對麻醉藥物，本來就會有一些反應，尤其平常很少接觸麻醉藥物的人，基本上都有一個特性就是會頭暈，有的人還會嘔吐。通常容易暈車、不抽菸、年輕女性與有前次手術噁心嘔吐經驗的人，嘔吐的機率就比較高。」陳宗鷹一樣將流程回推，在收到對麻醉藥可能比較有嘔吐反應的病人時，麻醉醫師可以在術前先給予一些防止頭暈嘔吐的藥物。這樣做之後，在麻醉過程中，就能看到術後的嘔吐率降到百分之五十以下，獲得很好的改善。發展到後來，大部分的女性病人，如果沒有抽菸習慣，麻醉醫師在術前都會先幫女性患者施打防暈、防吐的藥物，病人手術後的照護品質就能大為改善，舒服很多。

請牙醫師來上課

另外，執行氣管內管插管最容易造成病人牙齒受傷、嘴唇破裂，或者是喉嚨疼痛。插管時，必須避免使用槓桿原理，但有些醫師常常會把門牙當成支點，造成病人牙齒損傷。開刀房曾經發生過執行插管同仁，將病人的門牙弄壞而必須賠償病人假牙的費用，同時讓病人相當生氣。後來，陳宗鷹請牙科醫師幫忙設計訪視圖，同時請他們來為開刀房的同仁上課，在麻醉前訪視時，可以先了解病人的牙齒狀況。有很多人並不知道自己有牙周病，甚至麻醉前訪視詢問後，有很大比例的病人都仍認為自己牙齒沒有問題。為了防止牙齒脫落，病人開刀麻醉前，麻醉護理師都必須要先檢查病人的牙齒，看看是不是有搖動或鬆動，並告知病人，最怕的就是手術到一半，病人的牙齒掉落，卡在氣管裡。

「如果今天一進入麻醉房間，聞到很強的麻醉藥物味道，就表示有外漏，第一個檢視的就是麻醉機上的麻醉氣體有沒有關。如果麻醉藥物漏出，醫師跟病人都會一起聞到，這就是品管的問題。找到原因後，要訂出適合的解決方案。」例如，請護理長重新宣導麻醉機的使用規範，並設立一個表格，在下班前一一確認。

「麻醉的過程，大概百分之八十以上的病人都是安全的，但其中的品質並不一樣。」陳宗鷹說，在術中如果病人有動作，儘管麻醉醫師再視情況加入麻醉藥即可，但病人突然動起來，無論如何對正在手術的外科醫師，都是很大的壓力。另一方面，病人並不了解術中的狀況，術後病人比較關心的是手術有沒有成功，傷口是否很小、外表漂不漂亮。

大部分的手術最後都是順利成功的，但外科醫師在開刀過程中，也會想了解麻醉的品質，以及每一位麻醉醫師的工作態度是否值得信任。同樣的，麻醉醫師也會想了解每一位外科醫師的手術能力，所以「外科醫師和麻醉醫師必須要彼此熟悉與合作，彼此建立信任和默契。」陳宗鷹從很多小問題著手，慢慢的改善開刀房和麻醉的品質，並在麻醉科內部建立品管的概念。陳宗鷹認為，東部只有慈濟醫院這座醫學中心，這些要求都是身為醫學中心應該具備的醫療品質，他也藉這個機會建立起品質控管和訓練制度。麻醉科要有品管的概念，如果品管做得愈好，不良事件就會更少，整個醫療品質就能再往上提升。

因為手術房裡的狀況瞬息萬變，有些是人為無法控制的，那麼人為可以控制的，就應該全力準備妥善。他過去曾經遇到「麻醉醫師的惡夢」，一樁讓他久久無法置信的麻醉意外，所幸當時應對得宜，幸運接住小病人挽回一命，所以他更堅信有完善的品管，才能讓手術過程更安全，不會有遺憾發生。

3 遇到麻醉醫師最大的惡夢

這一天清晨，開刀房如常運作，每個人依循著一套有秩序的流程，忙碌準備著。陳宗鷹這時還是臺灣南部某醫學中心的麻醉科醫師，他已經看完今天要手術的個案資料，第一臺刀是眼科手術，一位三歲的小男孩，即將被送進開刀房準備做疏通鼻淚管的手術。

鼻淚管位在眼頭靠近鼻腔處，多餘的淚水會由鼻淚管流至鼻子內排出。鼻淚管的末端有一層薄薄的瓣膜，通常嬰兒出生時，會自行打開。如果沒有打開，眼科醫師只要進行「淚管探針術」疏通，大約半個小時就可以完成。

對麻醉醫師而言，手術沒有大小之分，每一次都要讓病人安全接受麻醉、並舒適平安的甦醒。喜歡小孩的陳宗鷹，雖不能說在開刀房看到小孩會很開心，畢竟進入開刀房治療並不是什麼好事；但如果看到小孩，陳宗鷹頓時會覺得心情柔軟起來。曾經，他想過要當兒科醫師，成為麻醉科醫師之後，他也對自己承諾要在手術室裡守護孩子的生命。

為小男孩麻醉

小兒麻醉誘導最常使用吸入性的麻醉劑，他拿著面罩配合著安撫的話語，扣住小病人胖胖圓圓的臉頰，隨著麻醉監測儀器滴滴滴的聲音，小男孩沉沉的睡去。眼科醫師開始幫小病人清潔消毒，大約才過十五分鐘，手術都還沒開始，陳宗鷹發現小男孩的心跳在下降，血壓也下降，立即仔細檢查麻醉機、藥物和各種監測的生命數值狀況，一時找不出原因，但隱隱覺得不安，眼前雖然看似平靜，陳宗鷹還是請眼科醫師暫時先不要動刀。

陳宗鷹飛速打開所有腦中的資料庫，想找出原因時，小男孩竟突然發生心跳停止！醫護團隊緊急搶救，陳宗鷹趕緊打入強心劑，不斷進行心肺復甦術，一陣手忙腳亂之後，陳宗鷹覺得自己被嚇得心跳也快要停止，小男孩終於恢復了心跳。

最難防的「惡性高熱症」

陳宗鷹決定請眼科醫師取消這次的手術，先送病童到恢復室觀察。一到恢復室量體溫，發現小男孩體溫飆高，他還正在納悶，不一會兒，小男孩體溫又再升高一度。他正想釐清體溫的變化，沒想到，小男孩開始痙攣，「怎麼會這樣？」他都仔細確認過每個步驟都沒有問題，一個大膽的猜測，在陳宗鷹腦中跳出，他懷疑發生在這個小男孩身上的，正是「麻醉醫師的惡夢」──亞洲人臨床非常少見的「惡性高熱症」（MH）。臺灣大部分的醫師，都只在教科書裡讀到，幾乎沒有真正遇過惡性高熱發作的病人。

惡性高熱真正的發生原因仍不清楚，但與基因有關，比較盛行於歐美。歐美接受麻醉引發惡性高熱的發生率，是五萬至十萬分之一到五千分之一，在亞洲、臺灣的發生率更低。惡性高熱是由於肌漿網內的鈣離子濃度不受控制的升高，會讓肌肉釋放大量鈣離子，使體內二氧化碳濃度上升，病人就像用高速跑了一整天的馬拉松一樣，導致體溫過高（每五分鐘上升攝氏1至2度，中心體溫甚至超過44度）、酸中毒和肌肉收縮，甚至因ATP（三磷酸腺苷）耗盡，肌膜完整性受到損害，導致高血鉀症和橫紋肌溶解症。就算盡力搶救，百分之十的病人仍可能因心跳停止、腦傷、內出血，或器官衰竭而死亡；存活者也可能遺留腦部損傷、腎臟衰竭、肌肉損傷或重要器官功能不全等併發症。

惡性高熱症，也被稱為「麻醉醫師的惡夢」。惡性高熱可怕之處，在如今醫療科技進步的時代，僅僅接受一個小手術，仍可能因為一系列的反應，而導致病人突然死亡的悲劇，不僅家屬不能理解，醫師也遭受嚴重打擊。

這個小男孩的各種症狀，都像是惡性高熱症的表現，必須趕快治療，同時做肌肉切片給病理科檢驗，才能確認是否為惡性高熱。此時，困難又出現了，一是家長不願意孩子再進開刀房切一刀，再者，因為在美國發生病例較多，總共有八家醫學中心可以做切片檢查，但臺灣卻沒有一家醫學中心的病理科可以做，所以最後只能以「疑似」惡性高熱來診斷。還好當時惡性高熱症已經有解藥（Dantrolene），然而因為病例稀少，藥品保存期短、藥價昂貴，又是知名的「孤兒藥」——只有惡性高熱一種疾病會使用，幾乎很少醫院會準備。

使盡全力照顧

極為幸運的是，陳宗鷹當時服務的醫院是濁水溪以南唯一備有這種藥品的醫學中心，他向藥局拿到解藥，在恢復室即刻給予起始劑量（Loading Dose），小男孩的體溫不再升高，逐漸下降，病況馬上有了起色。之後，他將小男孩轉入小兒加護病房，持續治療，原本想委託在小兒科的學弟幫忙照顧，但學弟說他也沒遇過惡性高熱症的病人，陳宗鷹只好自己照顧，他待在小兒加護病房，整整七天照顧小病患，終於讓小男孩恢復，轉出加護病房並順利出院。

一個健康活潑的三歲小男孩，只是接受一個簡單的鼻淚管疏通手術，卻遭遇這種折磨，併發肌溶解症，差點連命都沒了。孩子的父母相當不諒解，甚至找了其他外科醫師，並跑到陳宗鷹的疼痛門診，質疑他是不是麻醉藥物用錯、或是劑量不對，才讓原本活活潑潑的孩子癱軟的躺在床上。陳宗鷹雖然耐心的解釋，是基因的問題加上吸入性麻醉藥物才誘發這樣的狀況，但在場包括其他麻醉科醫師、外科醫師，大家都只在教科書上讀過，也確實不曾有人見過這種狀況，因此沒有人可以再解釋什麼，只能期待小男孩能順利恢復健康！

除了每天盡心盡力的照顧這位小病人，陳宗鷹也到處找資料，並寫信到美國的惡性高熱學會詢問，陳宗鷹心想，「臺灣對這個疾病確實比較陌生，我乾脆自己翻譯成中文，讓更多人知道。」雖然，這件事讓他焦頭爛額，但他還是覺得應該把這件事當成案例，讓更多人知道，所以又花了時間把美國惡性高熱學會回覆的內容翻譯成中文，寫成科普文章。

小病人母親原本因為這件事，對陳宗鷹相當不諒解，但後來看到陳宗鷹不但救回孩子，每天很認真照顧她的孩子，加上惡性高熱使用的特效藥非常昂貴，陳宗鷹為了幫家屬節省醫療開支，向健保局申請給付，與健保局數次交涉往返，證明必須使用唯一而昂貴的「孤兒藥」才可治療，最後也獲得同意。最後出院時，小病人的母親已經不再怪罪陳宗鷹，不但不提告，反而謝謝他一路以來的照顧。雖然，孩子出院時，只恢復了部分大肌肉功能，僅僅可以坐起來，還不能走路，不過三個月後，陳宗鷹收到小兒科的好消息，原來他們透過在臺南鄉間開設診所的兒科醫師，得知小病人已經恢復健康，可以跑跑跳跳，讓陳宗鷹終於放下心來。然而也因為這件手術的意外插曲，孩子的雙親對基因問題有了芥蒂，最後甚至因此而分開，成為陳宗鷹內心的遺憾！

惡性高熱雖然是非常棘手的疾病，卻是可以避免的，就算知道自己家族可能有惡性高熱的基因，仍可以接受手術。手術時，只要避開會誘發的吸入性麻醉藥物和某種肌肉鬆弛劑，改成使用全靜脈注射的麻醉藥就不會誘發，也就能安全的接受手術麻醉及甦醒。

不怕一萬、只怕萬一的解藥

這事件後，醫院開刀房和麻醉醫師的警覺心提高，也比較懂得辨別症狀，陳宗鷹發現其他醫院也陸續出現一些疑似惡性高熱的案例。他還記得在南部某家大型醫院，幫一位年輕人進行盲腸炎手術時發生疑似惡性高熱，院方人員開救護車，衝到他服務的醫院借藥，最後還是來不及挽回病人生命的憾事。

「也許是臺灣的文化、飲食在改變；或者是我們整個手術量在上升，近年來，這種惡性高熱開始出現……」陳宗鷹說，治療的藥物一瓶一萬元，一次治療需要三十六瓶，加上藥品效期只有兩年，過期就必須丟棄重購。儘管對很多醫院來說，一年或許遇不到一個惡性高熱的案例，但「不怕一萬、只怕萬一」，一旦遇上，這就是搶救生命唯一的解藥，陳宗鷹認為，如果能這樣看待，這樣的成本就是非常值得的。

自從他到花蓮慈濟醫院並接手麻醉部的管理任務，發現東部竟沒有一家醫院備有惡性高熱的藥，風險實在太高，於是就請藥局一定要準備好這種藥品，開刀房一定要備藥。「有一次，藥備了兩年都沒有用到，藥局就問我以後可不可以取消？我說不行！不行！它就是孤兒藥，若發生了，就必須要有這個藥，才救得回來。」陳宗鷹認為，病例雖少，但難保哪一天不會遇到，最基本的希望是做到花蓮如果真的遇到這樣的病例，「至少慈濟有藥」，不論是哪家醫院遇到，至少可以跟慈濟醫院借藥，病人就有機會能得救。

在臺灣，這種疾病慢慢被認識，麻醉醫學會也正式將治療惡性高熱的藥物，納入教學醫院的規定，明文規定要成為一個訓練住院醫師的醫院，就必須要常備這種藥物，才算是合格的訓練醫院。

4 兒童麻醉我來守護

對孩子總是特別不忍的陳宗鷹，某次接到一位車禍案例，送到急診的一位十歲左右的小朋友，頭部重傷，面目全非，以至於臉部完全找不到可以建置呼吸道的地方，只能做氣切。

外科醫師施行緊急手術做了一個氣切孔，但是氣管內管放入後，卻測不到有吐氣末端二氧化碳濃度的反應，這表示並沒有真的成功插入氣管內。陳宗鷹的經驗直覺認定插入的是「假」氣管，因為在為病人急救時，有時候會遇到這種情形。外科醫師卻很篤定的表示，他確實看到氣管了！

陳宗鷹只好冒著得罪外科醫師的忐忑心情，趕快使用內視鏡作為導入的工具進行插管，尋找真的氣管。眼見孩子的血氧濃度直線掉落，陳宗鷹心急如焚，冷汗直流，他緊張得心跳幾乎快停止了，還好在最後一刻，他終於找到真的氣管，放入氣管內管馬上供應氧氣，吐氣末端二氧化碳濃度曲線也呈現出來，孩子的臉色總算從發紺，慢慢恢復紅潤，讓他覺得自己終於也可以正常呼吸，後續的緊急手術，也才得以順利進行。

守護泡泡龍

花蓮有一位外號「泡泡龍」的小朋友，因為罹患稱為「表皮分解性水泡症」的罕見疾病，自出生第二天起，全身上下包括口腔內部，都長滿大大小小的水泡。他六個月大時被父母棄養，由禪光育幼院撫養，從小身上纏著繃帶、紗布，每天需要換藥護理，而自行護理沒辦法做到的清創，就要定期到醫院請整形外科處理。

因為基因的缺陷，泡泡龍的皮膚，缺少膠原蛋白、容易裂開，而且皮膚非常薄，一碰到就容易長水泡，清創時會非常痛，需要全身麻醉。看到小朋友這樣辛苦，陳宗鷹非常心疼，麻醉時他總是特別謹慎，包括黏貼在皮膚上的紙膠帶或管線會碰到的地方，他會特別注意，盡量讓他舒適一點、減少疼痛。

每次泡泡龍來，都是陳宗鷹幫他麻醉，泡泡龍後來回到醫院清創，總會問「可不可以請上次幫我麻醉的醫生再幫我？」只要有時間，陳宗鷹一定會幫忙；如果分身乏術，也會到開刀房看看他，為這個可憐的孩子加油打氣。

第一次為連體嬰麻醉

二〇一〇年，陳宗鷹接到菲律賓分會轉介來一對臀部相連的連體嬰要到花蓮慈濟醫院進行分割手術的訊息。雖然很高興可以參與麻醉專業生涯中難得的學習機會和經驗，但另一方面，這也是以前從未處理過、超罕見的特殊個案，他內心嚴陣以待。

這對姊妹被慈濟志工發現時已經三個月大，臀部相連，共用一個直腸和肛門，健康狀況良好，無特殊疾病，因為名字裡都有「Rose」，所以被暱稱為「玫瑰姊妹」。小兒外科的彭海祁主任先啟程到菲律賓，評估姊妹倆的健康狀況。同時，陳宗鷹並請王章勉和李佳玲兩位學生，做文獻回顧與各項器材準備。

早在二〇〇三年，石明煌院長就曾率領麻醉團隊，成功幫助第一對連體嬰成功分割，所以特別提醒陳宗鷹要注意兩位小病人的用藥劑量與個人標記一定要區分清楚，才能確保手術安全。

手術房團隊既緊張又期待，隨即進行萬全的準備，就連兩臺麻醉機、兩個手術臺，擺放的位置和動線也仔細斟酌，甚至還將兩個洋娃娃臀部黏在一起操作演練。當準備分割的小姊妹抵達慈院，醫療團隊見到這麼漂亮可愛又天真無邪的孩子，更決心一定要幫助她們。手術前的各項檢查，是麻醉醫師和玫瑰姊妹的初次接觸。由於要進行 MRI 核磁共振造影，必須讓小嬰兒靜止才能準確攝影，因此由麻醉團隊負責麻醉。一開始，大家仍是手忙腳亂，當第一劑麻醉藥物從姊姊的靜脈點滴注射進去，每個人都屏氣凝神注視、並猜測到底是哪位會睡著？還是兩位都睡著？或是都不會睡著？看著姊姊逐漸睡著，妹妹還在哭鬧，陳宗鷹心中放下一塊大石頭——這表示兩姊妹的血液循環沒有大量的血液流量交叉的影響。接著，注射藥物也讓妹妹睡著，才順利完成檢查。

團隊在檢討 MRI 的麻醉經驗時，發現有可能會將兩姊妹的數值記錄寫相反，為了避免失誤，麻醉團隊在兩姊妹身上要用到的點滴、心電圖、血氧飽和度與呼吸管路等，每一條管線都用紅色、藍色分別標記來做區隔。

分割前腸造口與組織擴張的手術非常順利，手術結束甦醒時，陳宗鷹和麻醉團隊也更篤定兩姊妹的麻醉藥物不會互相影響，讓他們對分割時更有信心。實際分割手術時，兩姊妹需要一百八十度的翻身，團隊再次使用兩個洋娃娃做練習。為了預防手術時萬一需要輸血、尋找管路，麻醉團隊也使用超音波評估兩姊妹內頸靜脈的位置、大小，以備下次分割手術時的不時之需。

正式分割大挑戰

儘管已有前次檢查成功麻醉的經驗，但是正式分割才是真正挑戰的開始。陳宗鷹前一天與開刀房護理團隊及麻醉團隊，仔細的從頭演練並模擬各種狀況。

分割當日，早上七點便進開刀房準備，八點鐘準時為兩姊妹分別了進行麻醉誘導，每一個小細節，包括氣管內管如何黏貼、姊妹倆頭部怎麼擺、小手如何用棉捲包紮保溫與保護等等，大家戰戰兢兢的做好每一個步驟。在彭海祁主任所領導外科團隊精湛的技術下，小姊妹的身體正式分開了。緊接著，另外兩個外科團隊小心翼翼的個別進行後續修補的工作。

麻醉團隊也隨時注意各種狀況與因應。雖然，在神經外科團隊為小姊妹分割後的尾椎，進行神經修補時，因脊髓液流失，姊妹倆的血壓稍微下降，但在麻醉醫師馬上補充水分並處理升壓後，血壓隨即回復平穩。手術前後將近十個小時，時間雖長，陳宗鷹還是時刻守護在姊妹倆身旁。直到最後一次的手術麻醉，兩姊妹終於可以個別進行手術，幫姊妹做完腸造口的關閉送到恢復室時，陳宗鷹看到媽媽不知道要照顧哪一個孩子的這一幕，內心激動起來，對姊妹這一路以來的艱辛與大家的付出，非常感動。他疼惜孩子的心仍一如往昔，看到她們恢復健康，同時期待她們能平安長大，擁有各自燦爛的玫瑰人生，就是最無價滿足的回報。

原本要走小兒麻醉的陳宗鷹，礙於當時已有一位學長在小兒麻醉領域頗有成績，在老師的建議下，他轉往神經麻醉發展。沒想到，在玫瑰姊妹離開臺灣，回到菲律賓不久，就遇到需要他神經麻醉專長的兒童麻醉個案。

兒童神經麻醉應用

某次與神經外科陳新源主任一起騎腳踏車回精舍時，陳宗鷹聽他提起有位四歲的孩子要進行深層腦部植入晶片刺激術與電池的手術。儘管，多年前另一位小病友，因為腦膜炎造成腦性麻痺又合併癲癇，也以晶片成功治療，但是這次求診的孩子，年紀更小只有四歲，且腦部已經受損，風險非常高。

媽媽描述小孩得了B型感冒引發腦膜炎後，三個月來經常抽搐、意識不太清楚、手腳則逐漸僵硬，同時還有氣喘的情形。看著這個四歲小朋友，正是活潑可愛的年齡，陳宗鷹既驚訝又不捨，誓願要更加小心守護這個小生命。在為小病患進行麻醉誘導準備放置氣管內管前，他看到小朋友的血氧飽和濃度太低，仔細用聽診器聽了幾個位置的呼吸聲，診斷小病人還是有很嚴重的氣喘聲。

原本希望可以用一次手術麻醉，就處理好孩子的問題，但他想著若植入腦部晶片，再放入電池，恐怕麻醉時間會很長。更重要的是，電池是放在腹部，腹部開刀是一個不算小的手術，呼吸會牽動橫隔膜，術後大人有時都很難忍受傷口疼痛，更何況是孩子；他再繼續推論，若孩子怕痛，而不敢呼吸，橫隔膜擴張不了，就有可能會引起肺部塌陷，很容易得到肺炎。

考量孩子的身體狀況和可以負荷的手術過程，他當下跟陳新源醫師商量為這個孩子進行兩階段的手術，先在腦部植入晶片，隔一星期再放置電池。

媽媽聽到醫療團隊這麼細膩的為孩子設想，也同意醫師的處置。第一次手術時，只有放入腦部晶片，還未裝入電池，沒有啟動和放電，但術後不久，媽媽就說孩子的精神比以前好多了，而且手腳的動作看起來比較不像抽搐了。陳宗鷹心想還沒有電刺激，應該不會有這麼好的效果，可是自己確實也看到了孩子的眼神，真的是進步很多。

陳宗鷹回想之前孩子媽媽擔心的神情，就知道她為這孩子付出相當多的心思。而根據病人狀況為病人尋求最好的治療模式，是麻醉醫師、外科醫師甚至醫療團隊分內該做的事，也讓他感受到信任，更願意成為稱職的生命守門員。

5 神經麻醉臨床運用

陳宗鷹希望自己的神經麻醉專業，可以幫助更多的手術和病人，以及特殊的麻醉需求。不過，神經麻醉最大的特點，是需要監測神經功能訊號。在術前，需要為病人貼上監測線路，加上偶爾會有偽訊號出現，有些資深外科醫師嫌裝線路麻煩、要多耗時間，或是認為自己經驗豐富，在開刀時已經可以很熟練分辨是否傷害神經，所以合作意願不高。即使如此，陳宗鷹還是獲得骨科陳英和醫師、神經外科的邱琮朗醫師、蔡昇宗醫師以及陳新源醫師的合作。

受麻醉藥影響的腦波

陳新源醫師是神經外科中醫治巴金森病人的翹楚，他會在病人腦部裝入「深層電刺激」DBS晶片（Deep Brain Stimulation），藉著電流來控制調節腦部的不正常訊息，以協助病人恢復與控制行動。儘管陳新源醫師經驗豐富，在進行晶片植入時，合作的麻醉醫師似乎只要在手術過程中，掌握病人的生病徵象，病人不會醒來、沒有意識、生命徵象穩定就好。但以神經麻醉的專業來看，陳宗鷹認為外科醫師手術的成功與否，其實跟麻醉醫師也有很大的關係。當時，陳宗鷹開始在花蓮慈院推動神經麻醉，並與陳新源醫師合作，為巴金森氏症病人植入晶片時，可以做到更細膩、更準確。原本國外此類植入晶片手術，是用局部麻醉進行，陳宗鷹與陳新源醫師合作，則希望能讓病人在全身麻醉下，順利進行。

神經麻醉最大的特色，是神經功能訊號的監測。當外科醫師要決定放入晶片，必須確定放在正確的位置上，所以手術中會進行電刺激，並進行神經訊號的收集，以利判斷晶片的放置位置是否正確。而當外科醫師做電刺激的時候，神經訊號會不會出現，其實跟麻醉藥物有關，因此麻醉藥物的使用，會影響到判斷晶片植入位置正確與否。

腦部手術是相當精密細膩的手術，尤其是植入晶片，外科醫師會偵測腦細胞放電的波形，這種波形是腦波的一種，利用偵測位置的腦細胞所產生的動作電位，而產生某種腦波訊號。因為所收集的訊號為腦波訊號，所以團隊中也會有神經內科的醫師到手術室幫忙做腦波的分析。

只要打入安眠藥或靜脈麻醉劑，病人的腦波訊號，就會減弱或消失。如果麻醉醫師沒有接受過神經麻醉訓練，可能不清楚目前給的吸入性麻醉劑或是靜脈麻醉劑，會不會影響腦波。而且，一般的靜脈麻醉劑，就會抑制腦波。所以當外科醫師覺得晶片到正確位置、要測試時，才會發現怎麼會沒有腦波起伏，其實有時候是因為藥物抑制了腦波。

如果麻醉科這邊不知道麻醉藥會抑制腦波，只希望做到病人不要動、不要清醒就好，一旦看到血壓升高了，可能會認為病人快要清醒，就會再打入安眠藥，讓病人睡得更沉，這時候腦波會因為藥物而掉下去。如果兩邊的醫師沒有適時溝通，其實無法確定晶片是不是放在正確的位置上，也可能讓外科醫師跟麻醉科醫師產生摩擦，更重要的是無法達到治療病人的目的。

以吸入性麻醉協助深腦刺激術

後來，陳宗鷹與陳新源溝通合作，幫他設計以吸入性麻醉劑為主的麻醉方法。吸入性麻醉劑的單位是mac（minimum alveolar concentration，肺泡最低有效濃度），隨著劑量加深，而愈來愈抑制。如果使用劑量達到1.3mac的話，百分之九十五的病人會有一定的麻醉深度；但劑量增加到2mac的時候，百分之百的病人都會被深度麻醉，同樣的，這樣的麻醉深度，腦波也會全部被抑制，而沒有反應。所以當外科醫師在測試收集腦波的時候，他會告訴其他主治醫師和學生，這時絕對不能再打入其他的靜脈麻醉劑或安眠藥物，但肌肉鬆弛劑則沒有影響。

很幸運的是，巴金森氏症病人並不需要太強的麻醉藥物。陳宗鷹嘗試過，大概只要0.8~1mac劑量就足夠，病人術中不會亂動，也能看見腦波，術後追蹤這些病人，他們也都沒有術中的記憶。於是陳宗鷹就幫巴金森病人的DBS（深腦刺激術）晶片植入手術，建立一個以吸入性麻醉劑為主的方式。吸入性麻醉劑最常見的有三種藥物，都可以用同樣的濃度來麻醉。後來，陳宗鷹將這種麻醉方式發表成論文，刊登於神經外科的雜誌，他把這個臨床指引，作為執行 DBS 術式神經麻醉的準則，給科部麻醉醫師進行 DBS 神經麻醉的醫師使用。

6 困難麻醉步步驚心

另外一位與陳宗鷹經常合作的就是陳英和名譽院長。在做骨科或脊椎手術時，為了避免傷害病人的運動神經，神經麻醉醫師通常會監測與運動神經相近的體感神經，以確認病人的運動神經完好。

陳宗鷹與陳院長合作了近百位個案，某日，陳英和告訴陳宗鷹會有一位罹患嚴重僵直性脊椎炎、身體軀幹彎曲近一百八十度的病患，來花蓮慈院做矯正手術。陳宗鷹腦中瞬間浮起的經驗印象，僵直性脊椎炎的麻醉，大都是呼吸道置入氣管內管的困難個案。

這個個案是來自廈門的病人楊曉東，在他抵達前，陳宗鷹已經囑咐麻醉部總醫師，事前先向全科部人員報告有關僵直性脊椎炎病患麻醉的文獻回顧與相關注意事項。

當曉東抵達後，陳宗鷹帶著總醫師、實習醫學生一起到骨科病房做術前的麻醉訪視評估。因為脊椎手術是將脊椎截彎取直的矯正，本身已有很大的困難度；再加上每位僵直性脊椎炎病患都有疾病侵犯不同的嚴重程度和範圍，麻醉需要相當程度的經驗和技術。

突破困難插管的挑戰

陳宗鷹認為曉東第一個要評估插管的困難程度，包含：頸部的活動度、下巴的角度及嘴巴張口度等。接著，需考慮的是失血的問題，包括：中央靜脈導管植入的困難，中央靜脈導管在手術失血量較多時，需要作為輸血使用；再則是血管的問題，矯正過程會不會造成主動脈、下腔靜脈等大血管的破裂，必須密切監測血液循環相關的生命徵象。

另外，曉東的頸部僵硬，沒辦法轉動，如果在沒有保護的狀況下，手術過程中，因為脊椎僵硬，手術矯正的角度頗大，頭部五官會不會受傷？神經會不會損傷？如何把病人架設在手術檯上？如何避免或預防術中大量出血與脊椎神經損傷，都讓醫療團隊傷透腦筋。手術中，也必須使用更多監測血液循環和神經功能系統的儀器。醫療團隊與曉東初次見面時，曉東配合度極高，讓陳宗鷹做好仔細評估，並擬定了初步的麻醉計畫。

正式進行第一次手術，楊曉東的麻醉插管和靜脈點滴是很大的挑戰。麻醉團隊小心翼翼，因為他的頸部非常僵硬無法轉動，而姿勢是一百八十度的彎曲，必須要用外物去配合他的弧度。曉東到開刀房時，為他完成說明麻醉步驟後，主治醫師楊曜臨與總醫師劉修明選擇使用影視插管工具，在麻醉誘導後順利置入氣管內管。接著，要置入靜脈中央導管才是大困難，因為病人正常狀況是躺著插管，但是曉東因為姿勢奇特，容易造成插管困難，加上病人若不能順利插管，在時間內置入氣管內管，很容易造成血氧濃度快速下降而有死亡的風險；以及在術中若大量失血時，無法即時輸血以維持生命徵象的危急情況。所以這個過程相當困難，一定要先將氣管內管成功置入，才能成功維持住他的呼吸道。在無法調整曉東的身體，成為平常執行置入中央靜脈導管的姿勢下，團隊使用移動式超音波掃描，藉由超音波的影像，順利置入頸靜脈中央導管。有了成功置入氣管內管與中央靜脈導管置入的經驗，也讓陳宗鷹與團隊對之後要接續進行的脊椎手術，增添了不少信心。

骨科創新手術擺位

而手術擺位也是一大挑戰，醫療團隊特地製作一個馬鞍型的靠墊，在陳英和院長親身示範與指導下，主治醫師、所有人員通力合作，調整曉東手術的姿勢，做到天衣無縫的保護每一個部位。曉東的肌肉非常僵硬，儘管骨頭也是硬的，但其實內部的血管還是柔軟、有彈性的，所以醫護同仁在拉動身體、調整位置時、也格外小心和緩慢，避免用力過猛，傷到神經或拉扯到血管。

兩次髖關節及第一次脊椎矯正手術，都在流血量不到五百毫升的情況下順利完成，沒有發生大量出血或需要輸血等，讓麻醉團隊比較棘手的狀態，因而能在手術檯從容的默默支援，也讓陳宗鷹非常欽佩陳院長的高超技術。

雖然第一次的脊椎矯正手術非常的順利，但第二次要矯正的角度範圍更大，麻醉部團隊的林佩金醫師、鄭偉君醫師及蔡佩娟總醫師，並沒有因為第一次的順利而放鬆，他們絲毫不敢大意。同樣的，包含心電圖、血氣飽和度、動脈壓、吐氣末端二氧化碳濃度及體溫監測的「標準生命徵象監測儀」，並加上監測神經功能的「誘發體感覺電位術中神經監測器」，全部儀器都上場使用。

在順利執行麻醉誘導，並確認身體的固定安全無誤後，陳英和院長「切骨、板正、鎖螺絲」的矯正手術進行一段時間後，陳宗鷹發現曉東右下肢的神經訊號出現異常，訊號振幅大小程度少於原本的百分之五十，他擔心是錯誤訊號，又重新在一分鐘內，接連做了三次確認的動作，結果仍是如此，他開始擔心是神經受到損傷。

陳宗鷹通知陳院長，決定先停止手術三十分鐘，期間陳宗鷹持續重複測試，並試著減少麻醉劑量，讓曉東可以稍微動動腳，以確認運動神經正常。所幸神經訊號逐漸恢復到百分之六、七十，陳宗鷹才與陳英和院長討論，決定恢復繼續手術；手術在進行三個多小時後，雖然異常狀況稍稍緩解，但畢竟神經訊號只回復了百分之七十的幅度，陳英和決定在適當的段落先結束，之後再進行第三次脊椎矯正手術。

當曉東在恢復室醒來時，陳宗鷹懷著忐忑不安的心情，與陳院長一同到恢復室，查看曉東下肢的運動功能，當看到曉東雙腳下肢仍然可以動作時，兩人心中頓時都鬆了一口氣！

從一百八十度摺疊到抬頭挺胸

第三次脊椎矯正手術，在神經功能監測下，進行得非常順利。曉東在醫護團隊照護下，逐漸進步。陳宗鷹看到曉東終於可以「抬頭挺胸」回廈門了，心中很為他高興。過了幾年，聽陳英和院長分享楊曉東在廈門的生活，陳宗鷹才驚覺時間過得真快。

儘管麻醉團隊總是隱身在幕後或手術房裡，或許曉東不知道麻醉團隊對他付出的細心照護，但陳宗鷹卻衷心的感謝曉東，讓他和麻醉團隊學習到很多關於僵直性脊椎炎病患脊椎矯正手術，寶貴的麻醉經驗與知識，而他也更確定要在慈濟醫院，培養出更多專業素養的麻醉醫師，這是他自己當時最大的目標。

7 名副其實的教學醫院

要讓病人接受各種手術，全身麻醉是最常用與最基本的選項。但在外科裡有各種不同的術式，在過程中需要不同的麻醉方法。平常的外科麻醉，病人需要持續有生命現象；若轉換到心臟手術麻醉，最特別之處是有些時候需要在術中讓心臟停止。

麻醉醫師要懂得配合外科醫師，在處理體外循環的時候，讓病人的心臟逐漸停止；心臟停止之後，麻醉仍要持續，麻醉的功能是讓腦部睡著，麻醉醫師同時在體外循環器給予麻醉藥物，並用體外循環輔助，維持體液循環與相關生命徵象的指標。

而為了保護腦部和器官，必須適度的降低體溫，有時須降到攝氏三十到三十二度；若是主動脈剝離的手術時間較長，甚至要降得更低至二十八度左右，有時候為了保護腦部，還需要在病人頭部外包裹冰塊。人體體溫降低後，代謝就會變慢，不需要太多能量，就可以讓血流減少，細胞可以在一定的溫度下存活下來。有點像科幻電影中，要移民到外太空的人，在長時間的飛行中，常常要先將身體冰凍起來，到了目的地之後再解凍的概念。

人體回溫的藝術

在心臟麻醉中，如何讓停止的心臟再次恢復跳動，對麻醉醫師也是另一種考驗。麻醉醫師必須要配合麻醉藥，慢慢讓人體升溫，並在升溫過程給予刺激心臟跳動的藥物，讓心臟重新跳動；而如何給予心臟適時跳動的藥物，必須跟體外循環師配合。

科幻電影中，長途飛行的人體解凍後，很快就甦醒。但在實際過程中，人體從攝氏三十度回到三十六度或三十七度，大概需要一至兩個小時，偶爾甚至時間更長，且速度不能太快。如果溫度回升太快，血管內可能會產生氣體，形成氣泡。

血管內雖然充滿著血液，但從微觀察看，血液中存在著氣態的氧氣和二氧化碳。譬如「血氧濃度」，是表示血液裡面有氧氣的存在，同樣的，血液裡也會有二氧化碳。氧氣對人體比較沒有影響，但二氧化碳的溶解度等其他因素，對人體的影響就比較大。溫度下降時，可能會令氧氣或二氧化碳的溶解度提升，一旦人體溫度再熱回來，假使血液中氣體太多，這些氣泡會造成氣體栓塞，病人的心臟手術成功了，卻可能演變成腦部中風。

生死一瞬間

為口腔癌的病患執行麻醉，第一步要放置氣管內管並建立呼吸道途徑，不但是很大的挑戰，也是風險很高的醫療處置。陳宗鷹記得有一次遇到一位口腔癌的病患，口腔癌病人因為化療電療的關係，口鼻內部非常脆弱，特別容易出血，都會將這類病患歸屬於困難插管的病人。當時，陳宗鷹認為可以讓住院醫師操作，但他也告訴住院醫師，只有一次機會，絕對要插管成功。

然而唯一的機會，住院醫師沒有能順利插管成功，管子還沒放到氣管裡，病人的口鼻就開始噴出鮮血。一瞬間，鮮血模糊了視線，已經沒有機會再做插管，只好請耳鼻喉科醫師盡快提早進行氣切（若有成功置入氣管內管，建立安全的呼吸道，則耳鼻喉科醫師就能在較沒壓力下再做氣切）。在耳鼻喉科醫師緊急做氣切時，陳宗鷹只能用盡全身力氣，緊緊扣著病人的氧氣罩，病人的鮮血向上噴濺，噴得他全臉全身，看著耳鼻喉科醫師在一片鮮紅血液中，努力建置切口插入氣管內管，時間一分一秒過去，陳宗鷹也感受到自己的腎上腺素不斷飆高，雖然自己的心跳都快停止了，還是力求保持鎮靜。他知道穩穩的扣住氧氣罩，讓病人有一些氧氣，才能多爭取三、五分鐘的時間，讓外科醫師做氣切，搶救病人的生命！

最後，外科醫師終於成功完成使命，順利做好氣切置入氣管內管，讓病人可以順利呼吸。陳宗鷹這才慢慢放開緊緊扣住氧氣罩的雙手，中午吃午餐時，他還感覺自己拿起碗的手，都還一直發抖！

最後病人幸運的搶救回來，但這次生死一瞬，卻讓陳宗鷹相當愧疚。他一直反覆思考，這種困難的插管，如果是自己做，可能不會發生這種事情。可是，他也不可能永遠都不放手，畢竟住院醫師也需要訓練，因此他深深體會到，醫學教育必須將學生、後輩教好、訓練好，才能真正做到傳承，守護生命。

麻醉是一門專門科學，在百年前即已發軔，近幾十年醫學進步，麻醉的範疇已經走出開刀房，甚至還包括：急救、重症、呼吸治療、疼痛控制等等。但麻醉最大的宗旨，還是以病人為中心，以專業守護手術病人的生命。麻醉醫師的任務，包括：提供麻醉諮詢與評估，保障麻醉品質與病人安全，減少病人焦慮，也提供術後恢復期的安全與照護品質和急、慢性疼痛緩解的照顧。陳宗鷹牢牢記著自己的老師對於麻醉的詮釋，老師曾說過：「麻醉醫師就像飛機的駕駛員一樣，從起飛開始，整個航程都要負責乘客的安全，直到平安降落。駕駛員和乘客是生死與共的。」

有的外科醫師認為麻醉醫師比較輕鬆，只要會監看儀器就好，但陳宗鷹覺得麻醉醫師就像消防員一樣，哪裡失火了就要去滅火。手術過程中，病人往往在生死一線間，一旦出現問題，麻醉醫師就得馬上跟時間賽跑，搶救每一位病患的生命。同是麻醉醫師的鄭偉君醫師也說，麻醉醫師其實就是「風險管理師」，除了要事先盡量避免開刀房的一切風險出現外，當風險真的出現時，麻醉醫師就是那個可以穩得住、挺得住把傷害降到最低的人。

為了要讓所有慈濟醫院訓練出來的麻醉醫師，都是能挺住風險，讓病人在手術航行過程中可以安全降落，陳宗鷹在幫玫瑰姊妹進行前後兩次的手術麻醉時，以及幫四歲腦性麻痺小朋友植入晶片麻醉時，他都在反覆思索要規劃麻醉住院醫師完整的訓練計畫，培養他們哪些能力、接受哪些訓練。

陳宗鷹依據的是「美國畢業後住院醫師訓練學會」訂定的六大核心能力，分別為：「能照顧病患」、「充實醫學知識」、「從工作中學習與成長」、「具備人際關係與溝通技巧」、「具有專業素養」以及「制度下之臨床工作」，進而整體做到全人照護。而從這些個案中，他更深深感受到要能夠獲得病人跟家屬的信任，正是這六大核心能力所強調的，亦即醫療人員要照顧好病人就要能充分利用所學的醫學知識，並從實際操作中學習、運用健保制度、醫院制度完善照顧病人，同時使用良好的溝通技巧，讓病患與家屬理解，進而培養出專業素養，如此才能得到病人與家屬的信賴與肯定。

消化雜音　招收新血擴充人才

二〇〇五年陳宗鷹擔任麻醉部主任之後，除了為麻醉部建立制度和訓練計畫，他

陳宗鷹從擔任麻醉部主任開始，便積極爲花蓮慈院招募住院醫師，推動醫學中心的教學風氣、培育人才。圖爲徐達雄教授參與 2014 年 PGY 座談。

被賦予一個重大的任務，就是招收住院醫師。他的規劃是把麻醉部的品質要求、住院醫師和制度全部建立起來、有完善的訓練制度，成為受肯定的教學醫院，每年就能收得到住院醫師，所以他更積極的建立制度及招募住院醫師。

醫院招收住院醫師的條件，必須符合麻醉醫學會的要求，從最基本要有六個以上的主治醫師，以及必須有完整的訓練計畫。麻醉醫學會規定住院醫師需要經過心臟外科、神經外科、小兒外科、產科及其他次專科麻醉等等相關的訓練，陳宗鷹就一一把訓練計畫建立起來，並申請評核訓練住院醫師的資格。

雖說有訓練住院醫師資格是對教學醫院的肯定，也對醫院培育人才及長遠發展多所助益。但陳宗鷹剛開始推動時，卻遭遇不少阻力，當時有許多麻醉科主治醫師是反對訓練住院醫師的。反對的理由，第一是有些醫師並沒有教學與帶住院醫師的經驗和意願；第二是未來住院醫師訓練完，升任主治醫師，可能會繼續留下來服務，因為員額編制的關係，若業務量沒有成長，可能就會造成原有主治醫師薪資被稀釋。

但陳宗鷹積極說服各主治醫師，若能在這四年期間，好好訓練，將一名住院醫師帶上來，其實也是增加一個很好的人力和助手，而且作為醫學中心和教學醫院，就有培訓人才的責任。

早期規定，只要有六名麻醉科主治醫師，就可以訓練住院醫師（現已逐年增加為需要八位主治醫師，才能訓練一位住院醫師）。花蓮慈院剛好有六位主治醫師，陳宗鷹開始撰寫訓練計畫，同時也開始規劃次專科，把次專科的觀念帶進花蓮慈院。

同是麻醉科的石明煌院長接受從中山醫學院附設醫院轉來的第三年住院醫師楊曜

臨，成為花蓮第一位住院醫師。後來，慈大醫學系畢業的何菊修也申請到花蓮慈院，接受住院醫師訓練。

完整訓練讓住院醫師突飛猛進

美國的麻醉醫學發展十分成熟，包括：產科麻醉、神經麻醉、心臟麻醉、疼痛科和重症醫學，還有小兒麻醉，都發展出次專科醫學會。臺灣因為大環境還有健保制度、薪資問題，很難發展出完整的次專科，目前，有發展次專科的只有心臟麻醉醫學會、疼痛醫學會和重症醫學會。其中，只有心臟麻醉醫學會，主要為麻醉科醫師參與，而重症醫學會和疼痛醫學會，則不只有麻醉科醫師，例如：重症醫學會沒有分外科和內科，所以包括：急診、外科、內科、胸腔等等都會參加，而參加疼痛醫學會成員，則包括：家醫科、復健科、骨科和麻醉科的醫師等。

陳宗鷹坦言，醫學中心的教學、研究、服務三大重點中，教學是基礎。但剛到花蓮慈院時，他跟上級主管「直言」，沒有感受到醫院有教學的規劃與氛圍。之後，他被賦予規劃住院醫師訓練的責任，所以他開始寫詳盡完整的訓練計畫。

他的規劃為第一年住院醫師（R1）先學一般麻醉概念與技術、骨科麻醉及一般外科手術的麻醉，因為一般外科麻醉是最基本的功夫。第二年（R2）開始，加入次專科的訓練，開始輪訓心臟麻醉、神經麻醉、小兒麻醉、產科麻醉，但主要讓住院醫師入門、認識。到了第三年，會再重複一次這些次專科訓練，讓住院醫師更精熟，並加入疼痛醫學和重症醫學，以及學習做研究和撰寫學會論文摘要或個案報告。第四年除了學習行政，還要擔任總醫師，也就是要負責教學，並持續學習研究、撰寫論文，此外，還要到其他醫學中心觀摩學習。到他院外訓觀摩，會在住院醫師第三年（R3）下半年就開始，陳宗鷹會依據住院醫師的興趣與訓練時需加強的領域，安排他們到其他醫學中心接受訓練，例如：心臟麻醉、小兒麻醉等等。

外訓增能　強化小兒麻醉

到其他醫學中心加強訓練學習，效益最大的是小兒麻醉，「住院醫師有兩個月到三個月的時間，可以去外面的醫學中心做不同的訓練，因為慈濟醫院小兒外科手術個案較少，因此安排住院醫師加強兒童麻醉的訓練。所以我就和長庚兒童醫院的主任協商，讓我們的住院醫師過去訓練。」因為花蓮的小兒麻醉病人很少，然而醫師還是必須學會小兒麻醉，陳宗鷹選擇讓他們去長庚兒童醫院學習。

他同時要求住院醫師，只能選在七、八月暑假期間，因為這時小病人最多，在那裡一個月的小兒麻醉量，會比東部一整年還多。只要在那裡瘋狂的接受二到三個月訓練，實力一定都大幅成長。而心臟麻醉的專長，就會送到臺大醫院訓練；肝臟移植麻醉，就到高雄長庚醫院學習。因為與各個醫學中心關係良好，合作訓練住院醫師，藉此截長補短，讓住院醫師有更多的學習和訓練資源。

「有些醫院的設計是第一年就開始學次專科領域，但我的設計想法比較循序漸進，讓住院醫師先有麻醉的基礎功，接著再到一定的次專科，再到疼痛科。」陳宗鷹認為，麻醉還是有分為基礎版和進階版，先把基礎功學好，再去進階學習次專科，打好麻醉基礎概念和技術的基礎，比較不會有過大的壓力，也更容易學得更好。

「如果一開始進去，就學心臟麻醉這樣的震撼教育，一定會很焦慮。有的老師覺得有壓力才能學得更快，但如果基礎功還不夠，可能會遇到困難與挫折，對住院醫師晚上值班也會有壓力。」所以陳宗鷹也設計讓住院醫師半年後才開始值班，並從小夜班開始，經過循序漸進的訓練與學習，累積一年的能力之後，再值大夜班。

陳宗鷹撰寫住院醫師的訓練手冊，除了核心課程，也必須學會各種的核心能力，同時開始要求科內要有所謂的晨會、病例討論會、雜誌文章選讀及主治醫師專題新知報告等等教學活動，這不但有教學相長的任務，主治醫師們討論各種治療，會遇到的狀況和困難並互相給予建議，也是讓住院醫師學習的重要教學活動。

於是，他要求大家早上七點半要上班，舉行科部會議，請總醫師報告部務，包括當月各種麻醉方式的病人總數、發生多少併發症、併發症是如何處理的。會議內容可能是個案報告，也有可能是死亡病歷報告，主治醫師也要針對病例報告和治療提出討論。另外，他也會將前一週品質管理的紀錄報告所呈現的問題，拿出來做專案檢討改善計畫，以提高麻醉照護的品質。

人形鳳梨發威　嚴師出高徒

花蓮慈濟醫院麻醉部疼痛科主任王柏凱醫師還是住院醫師時，就深刻感受過陳宗鷹嚴格的一面。他記得在晨會有病歷討論會或是讀書的心得分享，有一次他報告一個病歷，陳宗鷹主任就問他，「這個病你會怎麼處理？」接著，又繼續問，「你打算用什麼藥？」、「打算怎麼做？」等等一長串問題。王柏凱說，有一次他真的沒有準備，就老實回答：「我不會……」陳宗鷹臉色一沉，立刻唸他，「你不會，還上來報告？」雖然自己被「電」了，但王柏凱知道老師的意思就是「已經都寫在那報告上，你就是要弄懂它！」陳宗鷹也會在值班時，盡心盡力一對一、手把手指導住院醫師。可是，因為他太「旺」了，所以學生私下封陳宗鷹為「人形鳳梨」，因為只要他一值班，就會「鳳梨發威」，病人接不完，大家就會害怕跟他一起當班。

王柏凱說，他剛當住院醫師不久，還搞不清楚狀況，每次他跟主任值班的時候，其他人下班都微笑、跟他說再見，要他「加油！」

一般晚上值班，手術室大都準備三間開刀房備著，若天下太平時，甚至連一間刀房都不會用到。「但只要跟主任一起值班，他『人形鳳梨』一發威，就會一直吸引病人過來，他可以強到把十間刀房都打開，急診一直來，然後喊『那一間低血壓要處理！』、『那一間大出血要處理！』、『那一間的趕快要麻醉！』、『外面有一檯那個急診刀要進來，先去看看病人狀況！』」就這樣一整晚，兩個人忙得暈頭轉向。幾次之後，只要得知又跟主任一起值班，王柏凱就知道「我那天要睡飽一點！」因為這樣高強度的訓練，反而可以很快的把所有知識技能，練好學滿。陳宗鷹先一對一指導帶著住院醫師，等到住院醫師上手之後再分頭進行，讓他們獨立作業，自己則當後盾，在重要時刻才出手幫忙。

慢慢的，陳宗鷹把科部訓練計畫建立起來，也開始每個月舉辦東區麻醉月會，邀請專家老師來上課，讓宜花東有興趣的麻醉醫師，都可以參加研討會。在盡力規劃完善的訓練制度之後，招募住院醫師從每年一個到慢慢有更多慈大學生，願意選擇花蓮慈濟醫院麻醉部。

陳宗鷹說，醫學生做抉擇，一定是希望選有足夠資源、有競爭力以及能夠獲得完整訓練的地方，作為訓練的醫院。當慈濟醫院的麻醉部制度愈來愈成熟，住院醫師人數也漸漸增多，麻醉部的人力和各項指標，就會逐漸完備。當住院醫師訓練完成後，包括王柏凱、鄭偉君、李佳玲、蔡佩娟、藍慶鴻等人，都選擇繼續留在花蓮慈濟醫院升任主治醫師，成為慈濟醫院麻醉部的生力軍。

8 麻醫世界的多重宇宙

在開刀房裡，外科醫師正在進行手術，陳宗鷹則是打開五感，專注的感受與觀察病人傳回的各種訊息。這些機器上的數字和聲音的變化，久而久之，會內化成麻醉醫師的第六感。此時，陳宗鷹聽到血氧濃度監測器上的聲音，有一個細微的變化，固定、微微的「滴——滴——滴——」，變成比較低頻的「嘟——嘟——嘟——」，他自動提高警覺，因為這是病人氧合濃度已經下降的徵兆，當聲音再度慢慢的升高，他的心情才跟著美麗起來！

胸腔外科麻醉

胸腔外科在開刀時，會用硬式的胸腔支氣管鏡從病人嘴巴進入，硬式支氣管鏡旁，有一個接著呼吸管的洞口。當外科醫師手術中，發現支氣管有腫瘤，便會打開連接呼吸管的洞口執行處置，以內視鏡夾出一塊檢體，做病理切片。

這時候，如果持續給予吸入性麻醉劑，當外科醫師打開支氣管鏡洞口時，麻醉劑也會洩出，導致病人吸入的麻醉氣體斷斷續續不穩定，甚至連外科醫師也會因此吸到漏出的麻醉劑。

因此有經驗的麻醉醫師，從這個階段就會從靜脈穩定的給予麻醉劑，另一方面支氣管鏡側邊出口，只提供氧氣，避免外科醫師吸到麻醉劑，同時提供外科醫師吸一點氧氣。麻醉醫師常開玩笑說，這個動作可以順便讓外科醫師養顏美容。而這樣的操作細節，就屬於麻醉「次專科」的支系——胸腔外科麻醉（Thoracic Anesthesia）的領域。

在完整的訓練下，從住院醫師到主治醫師，麻醉醫師都會成熟到可以獨當一面，每位醫師都會培養出自己的第六感。「行家一出手，便知有沒有」是形容厲害的行家，可以很快根據經驗和專業知識，做出判斷，讓難題迎刃而解。麻醉的領域既深且廣，當麻醉的能力已經非常上手，發展更高一階的不同專長，就稱為次專科。就像武林高手的獨門功夫，醫師可以發揮能力，病人也可以得到更好的醫療品質。

麻醉次專科　分工更細膩

不論一般麻醉、神經麻醉、心臟麻醉、胸腔外科麻醉、移植麻醉還有疼痛科、重症照護等等，都屬於麻醉次專科的一環。

花蓮慈院麻醉部鄭偉君醫師曾到小學為小朋友介紹過麻醉醫師的工作，她說：「麻醉醫師要照顧零歲到一百歲的人。當一個狀況很危險的懷孕媽媽，還沒到足月卻要緊急生產，麻醉醫師要先幫媽媽麻醉，讓她能安全的剖腹產。小寶寶出生之後，麻醉醫師也是第一個照顧他的人，麻醉醫師要幫小寶寶維持體溫、氧氣，讓他的心臟跳動，維持良好的血壓。遇到一百歲的人，他有可能會中風生病、會開心臟手術、會換膝蓋關節，無論他是接受哪一種手術，麻醉醫師都需要幫他麻醉，並配合外科醫師的手術，守護病人的生命。」

「麻醉醫師在病人睡著時，偷走他們的時間；當他們安全醒過來，再偷偷將時間還給他們。」鄭偉君說，麻醉醫師就是讓病人在沒有痛苦記憶的狀況下，由外科醫師治療身體不好的部分，並為病人維持所有良好的身體機能。在過程中，麻醉醫師要避免一切的風險出現；當風險出現，麻醉醫師也要成為穩得住場面的那個人，將傷害降到最低。

開刀房的門內與門外

開刀房內的麻醉醫師，要用各種專業擔任生命的守門員，不論病人從小到老，不論要配合哪一科，或哪一種術式。手術結束，麻醉醫師走出開刀房外，又要執行種種與重症照護息息相關的業務。

不要以為大部分時間都待在手術室的麻醉醫師，只會看著機器螢幕，麻醉醫師最被醫界肯定的技術，就是精準的執行各種注射方式、插管、儀器操作、訊號解讀，和監測病人生命跡象。因此，麻醉醫師對「生命現象」的第六感，特別強，再加上麻醉醫師是開刀房內最後要守護病人生命的靠山，他們對各種急救技術也非常熟悉。為此，重症照護也成為麻醉科一個重要的專業項目。

陳宗鷹在其他醫學中心，也曾擔任過麻醉部重症醫學科主任。雖然臺灣醫療制度下的加護病房，大多屬於外科或內科。但他在美國進修時，卻發現美國的醫學中心，是將加護病房設置在麻醉部之下，例如：約翰霍普金斯醫院內的九個加護病房，都是隸屬於麻醉部，病人也由麻醉醫師與其他相關專科醫師共同照顧。

因此，陳宗鷹鼓勵有興趣加入麻醉科的醫師，還要加強其他內科病症的抗生素使用、營養相關知識等，這些其實是加護病房經常需要用到的醫學專業知識。麻醉科醫師只要額外加強這些項目，就可以將重症照護發展成為自己獨特的專長。

花東地區就算人口較少，花蓮慈院作為花東唯一的醫學中心，也必須發展一些「病人不多，但很重要的醫療技術」，其中一個就是器官移植。陳宗鷹看到花蓮慈院前外科部主任李明哲醫師（現為萬芳醫院副院長）很認真的推動花東地區肝臟移植，他知道這是一個耗時很長、非常辛苦、不符成本，卻非常重要的醫療技術，所以他也積極推動成立肝臟移植麻醉團隊，為東部發展移植醫學盡一分力。

「其實移植麻醉也是一個次專科，但因為病人個案數少，醫師的人數不是那麼多，所以沒有成立一個次專學會。」陳宗鷹派楊曜臨醫師跟何菊修醫師去高雄長庚紀念醫院觀摩學習，因為高雄長庚醫院陳肇隆名譽院長的肝臟移植團隊，已做到全亞洲最頂尖，在移植醫學領域非常知名，期待兩位年輕醫師，將移植麻醉技術帶回慈濟，嘉惠花東病人。

鼓勵學生海外進修　提升花東麻醉品質

除了在國內進修，陳宗鷹也鼓勵學生可以出國深造與開拓國際觀，雖然會中斷一陣子的收入，但陳宗鷹還是覺得出國可以拓展視野，是很好的刺激跟學習，也能多了解世界上醫療的技術和變化，所以很鼓勵學生出國深造，規劃自己的專長。

引薦自己的學生到海外學習麻醉新技術，正是陳宗鷹努力提升花東麻醉品質的方法之一。王柏凱醫師就是陳宗鷹透過他在約翰霍普金斯大學的指導教授引薦，到紐澤西的羅格斯大學（Rutgers University）附設醫院學習疼痛治療。舉家赴美的王柏凱，利用一年的時間深造並完成論文，回臺後，順利進入慈濟大學醫學院醫學科學研究所攻讀，並拿到博士學位。

而對心臟血管手術麻醉有興趣的李佳玲醫師，陳宗鷹先送她到臺大醫院訓練心臟麻醉，再送她到美國學習經食道心臟超音波。不同於從胸部做掃描的經胸心臟超音波，在進行心臟手術時，只能使用經食道心臟超音波。麻醉醫師需要把一個心臟超音波從食道放進胃裡，並監測心臟的功能，這是掌控病人生命徵狀變化的重要工具，為此，麻醉醫師必須學會如何判讀心臟超音波，李佳玲醫師不負師長期望，在接受嚴謹訓練後，順利拿到美國超音波證照的資格。

鄭偉君醫師則是鑽研「擬真醫學」並運用在教學上，他使用高階電子假人來訓練麻醉醫師或麻醉護理師。陳宗鷹看到麻醉醫學會已經發展出使用電子假人來測試專科醫師，深知擬真醫學未來一定是趨勢。雖然當時仍是住院醫師的鄭偉君和王章勉兩人，未來會不會留在花蓮慈院服務尚不可知，但陳宗鷹的老師魂還是強過一切，他決定以訓練學生為第一要務，將這兩位醫師送到美國接受訓練，學習設計教案以及使用高階電子假人的各種參數，並讓他們參加擬真醫學會。還好二位醫師受訓返臺之後，都繼續留在花蓮慈濟醫院工作，鄭偉君更開始將擬真醫學運用在醫學教育上，從訓練住院醫師、甚至擴展到專師，與其他醫事職類的訓練。

「我們有時候會在新聞上看到護理師把過量的抗生素打到嬰兒身上，或是把過量的肌肉鬆弛劑，當成抗生素打到病人身上，民眾聽完可能會覺得匪夷所思，我們研究這些意外事件的發生，發現他們都不是蓄意為之，但還是對病人造成了傷害，我們的職責就是要預防這些意外的傷害。」鄭醫師認為，利用麻醉醫師的專長，將醫療品質趨近於理想，模擬醫學教育也成為麻醉教育的一環；其最終目的，就是利用擬真醫學，守護病人的生命和健康。

發展疼痛治療

「現在想想，陳副（陳宗鷹副院長）還滿有遠見的，那時候就覺得我們應該要培養次專科。」王柏凱回想出國前，自己正在第三年、第四年主治醫師的時候，也同時就讀慈大的醫學科學研究所博士班，加上孩子還很小，每個星期還要值班、上課、做實驗。要兼顧家庭、學業和工作的狀況下，讓他覺得比較疲憊，曾思考是不是要先離開這個環境休息一下。他找了麻醉部主任陳宗鷹談自己遇到的困境，陳宗鷹鼓勵他出國學習，轉換環境，他得知王柏凱對疼痛治療有興趣，而疼痛治療在當時很有發展潛力，是後勢非常看好、需求很高的次專科，也是花蓮慈院麻醉科未來值得發展的方向，於是陳宗鷹積極幫王柏凱爭取出國進修的補助。

「其實，我本來想做麻醉就好，但主任『很含蓄且堅持』的要我學習疼痛治療。當時花蓮慈院已經很久沒有送醫師出國進修，所以主任希望我可以帶一點新的東西回來。我認為到美國進修，一方面可以做研究，一方面也可以多看看臨床案例，應該把握難得的機會。」本來就有興趣繼續深造的王柏凱，老師溫和堅定的推薦，成為推動他不再猶豫繼續向前的動力。

去美國進修之後，王柏凱確實學到許多很好的觀念。他發現美國的醫師做各種研究，從來不是「為了研究而研究」，都是「以病人為出發點」，以及「社會的需要」為出發，因此想法會比較宏觀，對很多事情採取開放的態度，除了自己的專業，也樂於和其他領域的人討論與合作。不論是不同科甚至不同學校，都會頻繁的交流，最終回到醫學研究或教育的目的，還是以改善人類健康為主；若研究成果有獲利，則是當作額外的收穫，而不會當作主要目標。他回臺灣之後，發現自己確實改變了很多想法，思考也會以不同的角度，好像把以前被侷限的自己消滅了，有了全新的觀點，讓未來發展有更多可能性，自己的心情也變得更開闊。

陳宗鷹也常常提醒這群自己一手帶上來的學生們，不要執著於計較麻醉的刀數和收入，死守現有的利益，應該把眼光放遠，規劃自己的專長和未來發展方向。這群出國深造的主治醫師，也沒有讓陳宗鷹失望，他們回到院區後，也變成麻醉專業的種子教師，繼續帶著更年輕的學弟妹學習。與此同時，麻醉次專科的發展也逐漸成熟，一代接續一代，變成資深的主治醫師、住院醫師的這群學生，接棒傳承老師的教學方式，他們也開始教導學生，提攜後輩，帶動進修與研究風氣，將麻醉世界的多重宇宙逐漸擴大，嘉惠更多病人。

9 教學是全院的事

陳宗鷹從最初被賦予任務、在吃力不討好的狀態下多年努力，終於慢慢的將麻醉科制度與業務推上軌道。大部分他親手訓練的住院醫師，都願意繼續留在慈院升任主治醫師，並接手指導新的住院醫師。就在陳宗鷹覺得完成階段性任務時，石明煌院長請他到家裡喝茶。

「你可以把麻醉科帶得那麼好，把住院醫師帶得那麼好，你對教學又那麼有興趣，那你可不可以出來幫我帶教學部的醫學生？」面對請託，陳宗鷹請院長讓他稍微考慮一下。不過，他只考慮了一個晚上，第二天就答應石院長，接下教學部的任務，只因為石院長的一句話：「你帶一個麻醉科醫師，是訓練出一個好的麻醉醫師；你如果幫忙帶醫學生，可以帶出更多的好醫師。」陳宗鷹說，這句話確實打動了他，培養醫學生非常重要，符合他熱愛教學的興趣。

承擔花蓮慈院教學部主任

二〇〇七年，他升等慈濟大學醫學系麻醉學科教授，而他喜歡教學的名聲已經遠近馳名，他不但愛教、也非常會教。陳宗鷹更曾經獲得二〇〇七和二〇〇八年花蓮慈濟醫學中心最佳教學主治醫師，年輕醫師們和教學評核單位，都給予他最大的肯定。他心想，醫學教育或許是他可以深入探究，另一個不同領域的專業，「如果我的教學精神和熱忱，可以帶動慈大醫學系的學生，或許有機會能帶出更多的好醫師。」於是二〇〇九年他接任教學部，這個重大的決定，讓他走向一條全新的醫學教育之路。

醫學生在醫學系完成基礎學科訓練之後，就進入醫院臨床實習階段，學習場域從校園改到醫院。大學會委託主要教學醫院接手臨床課程的教學，並由臨床教師進行教學、帶領、訓練與評分。

醫院的教學部必須協助規劃各類臨床訓練課程，規劃教學制度，設立各個不同的課程功能教學小組，讓學生能盡快銜接從學校到醫院的差異與變化，並將在校所學落實在臨床上。當然除了醫學生之外，教學部也是全院臨床教學規劃與創新教學的單位。

花蓮慈濟醫院是慈大醫學系的主要教學醫院，陳宗鷹接任教學部主任之後，首先就是將醫學系與醫院的臨床課程銜接起來。醫學生在醫院接受訓練的階段，包括：五、六年級見習及七年級實習等不同的訓練內容（目前臺灣各校醫學系已改為六年制）。他先建立制度跟氛圍，讓醫院慢慢有醫學中心該具備的基本認知和教學氣氛。

「以海內外其他知名醫院來說，一間醫學中心必須擔負起臨床教學與研究的任務。我一開始來到慈院，雖然這裡號稱是醫學中心，但當時看來，不但極度缺乏教學氛圍，醫師們也只是做臨床而已，並不認為自己應該要做教學，還有一些人的心態是『沒做，也不會怎樣啊！』……」陳宗鷹描述當時看到的狀況，「其實，之前在許明木醫師擔任主任時，教學部已經慢慢建立制度，所以我先了解教學部正在做什麼，再設計出核心課程，五、六年級醫學生的內、外、婦、兒科臨床教學都應該設計專屬的核心課程，這些都要跟醫學系的課程結合；而七年級的實習課程，更要讓醫學生能在『做中學』。」

陳宗鷹認為醫學中心的三大主要功能——「服務、教學、研究」，必須三足鼎立，不能偏廢。他發願要盡快讓教學部有規畫與制度，全院醫師都要有承擔教學的動力和責任。他為了鼓勵教學，積極於院校之間做協調，建立教學時數制度。「我讓大學這一方了解到，不是只有課堂課程才算教學時數，只要有帶醫學生，在醫院臨床的教學，應該像帶實驗課的認定方式，也要算教學時數。醫師帶著一名學生跟著八小時在醫院學習，就算不是課堂課的一比一的時數認定，也要給予合理比例的教學時數。另外包括醫師帶住診教學、門診教學或手術教學，通通都應該算入。」陳宗鷹認為，一旦醫師知道他帶醫學生的教學時數被認同，就會更願意做教學。由此把教學時數的認定方法建立起來，把課堂之外的整個制度建立完善。

醫療科有：內科、外科、婦產科、兒科、麻醉科、整形外科等專科，陳宗鷹最獨特的做法，就是他已經有一個概念，決定把「教學部」當作一個「專科」來看待，以醫療科部的模式來經營。他自己就是以一個行政主管的督導立場，給予各單位大方向，讓單位各自執行發揮。於是他第一件事就是從建立制度開始，並邀請有外科、內科和護理三個不同專長的同仁擔任副主任，於專業領域輔助教學部的運作。就像各專科會有科部會議，譬如：業務報告、個案討論或死亡病歷報告，藉以討論每個月的病人數、併發症發生率、醫師怎麼處理等等……。教學部也從善如流，因此第一件事就是規定教學部每個月都要有行政會議，行政人員負責的業務要輪流報告進度，對不同業務的執行情形做討論。

教學部下轄多個中心，包括：臨床技能中心、標準化病人中心、大體模擬手術中心等等。陳宗鷹也以臨床次專科的模式，鼓勵各中心負責的教學型主治醫師除了規劃發展各自的特色，仍必須加強橫向的連結，讓各中心不只是專注於內部的事務，更要有跨單位溝通協調的結合能力。因為做整體教學時，各單位常常需要互相聯繫、支援、合作。

像是臨床技能課程，常需要和標準化病人中心與臨床技能中心共同設計；而在訓練醫學生時，也常需要互相合作。所以各中心應該打破過去各行其是的方式，共同參加教學部行政會議，彼此了解對方的業務和進度，才能互相配合。

而各中心也應該如次專科般發展出自己的教學特色，陳宗鷹只以行政主管督導的角色和立場，給予每個中心不同的方向。再者，這些中心主持人或負責人也要定期參與教學部整體的所有會議，除了負責自己的業務外，教學型主治醫師也要分享有關醫學教育相關論文的最新內容。

臨床教師多元發展 成果豐碩

醫學教育持續推動臨床技能 OSCE（客觀式臨床技能評估），而標準化病人（SP）的訓練，則是對 OSCE 影響很大的重要資源。陳宗鷹非常感恩證嚴上人對標準化病人賦予的特殊稱謂——「良語良師」。當時婦產部的高聖博醫師對標準化病人的培訓很有興趣，加上慈濟有豐沛的志工資源，招募志工、接受專業訓練、成為專業的 SP，再讓標準化病人參與醫學教育，讓醫學生練習問診、做理學檢查，不但將臨床與醫學系的教學做連結，慈濟眾多志工師兄、師姊無酬全心的投入醫學教育，逐漸發展出慈濟醫學教育獨一無二的特色。

現在，投入臨床教學的高聖博醫師，深耕標準化病人教學多年，已經成為亞太地區標準化病人教學的專家。除此之外，小兒科朱紹盈醫師以敘事醫學研究闖出一片

爲了感謝標準化病人對醫學教育的貢獻，陳宗鷹帶著學生舉辦感恩儀式，表達對「良語良師」的敬意。

天，論文刊登於全球醫學教育極具影響力的醫學教育期刊；內科謝明蓁醫師從事師資培育發展，成績斐然，更拿到醫學教育博士學位；年輕的許晉譯醫師則在實證醫學上，帶領團隊在全國實證醫學競賽，繳出漂亮金、銀、銅全壘打的亮麗成績單。

建立臨床教學制度 提升花東教學品質

過去雖然醫院設有所謂的「教學型主治醫師」，但在陳宗鷹正式接掌教學部之前，大家對教學型主治醫師的定位依舊很模糊，還是有醫師不太了解自己的任務與責任，甚至以為只要做好學生的教學即可。陳宗鷹做的第一件事，是把教學型主治醫師的聘任跟獎懲管理辦法定下來。

教學型主治醫師的工作分配，需要有百分之七十的重心，放在教學部的教學業務上；另外的百分之三十，則是在原本專長的醫療科部的工作。而所謂的教學業務，陳宗鷹也重新釐清觀念，教學型主治醫師並非只是幫醫學生或某些特定學員上課，而是要負責全院的教學規劃和制定、教育訓練的設計推廣及創新。

例如：教學型主治醫師需要指導主治醫師做教學。如何做？什麼樣的醫師有資格可以做？一切的規則流程，都需要教學型主治醫師來規劃。許多醫療科都要做住診教學，但要如何執行，很多醫師並不知道，也無從做起。所以教學型主治醫師必須先建立指引，讓主治醫師知道所謂的住診教學，一定要包含「床邊教學」，先跟學生討論個案，接著帶學生到臨床跟病人實際接觸與問診、做理學檢查等交流後，再回到討論室，研究剛剛從病人身上學到的內容，才是完整的住診教學。

二〇一三年，陳宗鷹帶領教學部完成一個創舉，希望以慈濟醫學中心的名義舉辦「宜花東醫事類教學聯誼會」，期望一起帶動提升整個宜花東各醫職類的教學品質。

最初由花蓮慈濟醫院主辦，請各個職類或者教學型主治醫師分享教學的成果、經驗或設計，提供給所有宜花東的教學醫院觀摩，只要願意學習，都可以參加。過去曾試過由不同醫院輪流舉辦，幾次後，發現還是慈濟醫院比較有能力承擔，所以現在慈濟醫院不但舉辦每一年的聯誼會，花蓮慈院還會提供創新或獨特的教學方法，宜花東三縣的醫療院所都會共襄盛舉，派員參加。聯誼會的教學內容更不斷推陳出新，從九大職類擴展到包括：藥師、物理治療師、聽力師、呼吸治療師、營養師……共十三職類，不同職類會互相分享心得，這項聯誼會一直到現在，每一年都持續舉辦。

為了提升教學的品質，教學部也開始建立學生、學員回饋的制度。當醫學生進入醫院實習後，每五位學生就有一位臨床導師帶領。為了鼓勵臨床醫師擔任導師帶學生，不但有導師費，還有教學服務的分數。臨床導師一定要接受過導師課程訓練才有資格擔任，若學生回饋不佳則不續聘，以此留下真正願意熱心教學指導學生的老師。

當時，陳宗鷹身兼麻醉部和教學部主任，即使公務繁忙，喜歡與學生相處和教學的他，仍以身作則接下導師的責任。擔任導師除了教學之外，還要處理學生的大小瑣事，學生上完臨床課，對他的評語都是——「老師的臨床經驗和知識分享，總是『傾其所能，灌飽灌滿』。」課後，陳宗鷹總帶學生聚餐聚會，聯絡感情，關心學生的生活；有感情或心理問題，他也常陪伴並轉介心理諮商輔導。他不但常被學生評選為最佳教師，當時的導生們更與他感情深厚，畢業多年後，仍與他一直保持緊密聯繫。

創辦慈濟醫學教育日

教學是一門既小且大的學問，小可以是處理個別學生的事務，大到宏觀的研究發展和政策規劃。陳宗鷹推展教學的中心思想，就是「教學不是只有教學部的事情，而是全院都要共同參與的觀念。」目標是全院的醫師都應具有教學的能力，把醫學新知、教學創新和方法分享給所有人。

所以，陳宗鷹開始推動在院內舉辦屬於慈濟特有的教學分享，並讓教學研究化。當時由朱紹盈醫師籌辦開啟了「慈濟醫學教育日」，每次設定一個主題，以「大體模擬手術」為例，醫學生的課程該如何設計？除了外科醫師實際參與，內科醫師可不可以參加？各種教學領域的專業和新知，都能將做法分享給全院有興趣的人；接著，「慈濟醫學教育日」於二〇一七年又與慈濟醫療法人郭漢崇教授所主辦的「慈濟醫學年會」合併，每年一個主題，逐年累積慈濟醫療的教學研究成果。

為了推動四家慈濟醫院的醫學教育與培育教學人才，陳宗鷹在郭漢崇教授的支持下，於二〇一八年在醫療法人學術發展室，成立了「醫學教育研究發展小組」。二〇二一年郭漢崇教授成功推動慈濟跨院區的臨床科整合，而陳宗鷹更早就開始爭取慈濟跨院區的教學整合與發展，將具有教學能力的四院整合，共同發展醫學教育。擔任主席的陳宗鷹更期待將跨院區的醫學教學研究發展小組，擴增更多的學術發展和醫學教育，這也是他一直努力推動的重點目標。

除了在臺灣、在院內互相分享，實際到國外交流、增廣見聞、開拓視野和學習新知，對醫師來說，也是非常大的激勵，甚至可以將慈濟的優勢分享到國際上，這是陳宗鷹在人才培育上相當重視的策略之一。

以配套進修計畫　積極培育醫師人才

「醫療菁英培育計畫」就是陳宗鷹力推的醫師進修計畫。就像當年他鼓勵麻醉部的年輕醫師出國進修，醫療菁英培育計畫更放寬到全院的醫師，給予基本的薪資補助外，再額外補貼進修薪資每月約四萬元，讓這些醫師可以無後顧之憂，到國外學習更進階的專業。期間補助外科、小兒科、麻醉科、婦產科、內科等臨床科醫師至國外進修，就算有住院醫師提出申請，即使醫院不確定住院醫師進修完成後，是否會回國？是否留在醫院任職？陳宗鷹以育才至少要以十年為期、堅持為企業培育人才的理念，以及希望學生成長的心情，常以老師的身分為出國進修的醫師做擔保。他認為教育就是必須勇於投資資源和時間，人才是機構最重要的資源，長遠一定會看見成果。

每年的「AMEE 歐洲國際醫學教育年會」和在新加坡舉辦的「亞太醫學教育年會」，只要各科部的教學負責人有興趣投稿或參與，陳宗鷹都鼓勵並請教學部協助參加，並親自帶著醫學生或住院醫師一起見識。但醫學教育的年會跟一般的專科醫學會不盡相同，AMEE除了一般專科醫學會會有的主題演講或工作坊之外，醫學教育年會的各種專題更廣泛，會有許多的大師級演講及醫學教育創新教法，或者是各式各樣的教學工作坊。

陳宗鷹就曾帶著團隊以「大體模擬手術」為教學研究主題，參與海報論文發表。陳宗鷹說，大體模擬手術不但是慈濟最先進行，在國際上也是相當特殊的創舉。那次展出，AMEE給予慈濟大體模擬手術極高的評價，評審主委非常讚賞，親口表示慈濟做得非常傑出。但另一方面，也因為案例實在太獨特，其他地區機構難以仿傚，因為歐洲的大體非常不容易取得，反而沒辦法學習慈濟的模式來教學。

這樣的國際醫學教育年會重視的是「推廣性」，希望創新能更容易推廣，讓更多單位使用，所以最後的結果是另一家醫院，以3D立體的方式開發出軟體，只要在平板電腦裡就可以練習解剖學，獲得獎項。那次展出，慈濟雖沒得獎，但獲得很高的評價，最重要的是將慈濟推廣到歐洲醫學教育界，讓他們知道慈濟有這樣精采的教學方式，陳宗鷹覺得這就是一個很好的推廣和開始。

另外，慈濟以志工培養為標準化病人並運用於教學，也是相當創新，當時標準化病人中心的主持人高聖博醫師，也到亞太醫學教育大會，與同樣推廣標準化病人的日本和新加坡大學共同舉辦工作坊，也以豐富領先的創新和新知，獲得極大的迴響。

第4部

用一切奉獻醫學教育

不知道是天生認命的憨厚本質，還是歷經生活磨練培養出來的韌力，
陳宗鷹在面對挑戰時，不會喟嘆前路茫茫，也不至於驚慌失措，
他總是認真聆聽周遭的想法，尋找可能的助緣，
想盡辦法解決正在面臨或即將面對的困境。

遇到問題，就認真努力，一步一步的去處理。
一如過往在開刀房中幫病人麻醉，遇到突發狀況，
陳宗鷹總是默默告訴自己不要驚慌，
看清數據，抽絲剝繭，總有機會一一解套，逢凶化吉。

面對生死拔河冷靜沉著的陳宗鷹，二〇一二年，

以其優異的教學能力被徵召承擔慈濟大學醫學系主任，
二〇一三年被任命為花蓮慈濟醫院教學副院長，
被期許作為醫院與大學間的橋梁與教學整合工作，
以迎接來年即將到來的全國醫學系改制，
以及二〇一七年的醫學系全面訪視評鑑。

教育是付出高成本的志業、唯有使命感和耐心才能持之以恆。
陳宗鷹感受到肩上的責任更大，
不改其溫和且堅定的風格向上級直言，
「教育沒有辦法速成，我希望鈞長能信任我，
讓我扎扎實實的去做！」

1 加入救火隊　挑戰六年新制

臺灣在一九四九年開始建立七年制醫師的培育模式，實施了六十年之後，醫學教育有了重要的變革。在二〇一〇年的全國公私立醫學院校長會議中一致通過，自二〇一三學年度起，全國醫學系全面改採六年制修業畢業，畢業後以具有醫師國家證照的身分，再加上兩年畢業後一般醫學訓練（PGY）的「新制醫學系」。在這樣的學制轉變中，對各大學醫學系都是史無前例的經驗，慈濟大學醫學系也同樣需要一起應變。

原本慈大醫學系的教職員工計畫在二〇一三年的第一屆六年制醫學生入學後，依據師生的需求逐年修正課程內容，也比較有適應緩衝的時間。但二〇一四年慈濟大學醫學系，就需再接受臺灣醫學院評鑑委員會（Taiwan Medical Accreditation

Council，簡稱TMAC）的追蹤訪視評鑑，因前一次評鑑慈濟醫學系被評核為「有條件通過」，因此兩年後，就要再追蹤訪查一次。

為了讓醫學系評鑑可以順利通過，加上改制在即，當時的醫學院院長楊仁宏希望能一次到位。七年制改六年制，並非只是把七年級課程拿掉後，在醫院接受PGY（畢業後一般醫學訓練）兩年就好，而是要全部打掉重練。

突破單科教學　重新規劃模組

醫學系師長必須面對兩大挑戰。一是將醫學系課程全部重新設計成六年的教程，但「學習時間縮短一年，學習成果不能打折」，才能放心讓醫學生進入醫療職場接受訓練。另外還有一個大挑戰，就是必須整合基礎醫學與臨床醫學課程，設計新型態的「器官系統的模組課程」，並在六年制第一屆，也就是二〇一三年新生入學時就開始實施。

模組課程是當時高等教育的教學趨勢，主要有多元、跨領域、健全和符合職場需求等概念，許多院校科系都在推行，各家醫學系幾乎都準備在六年新制中進行模組課程。

不過，當楊院長提出這樣的要求時，卻引起非常大的反彈。陳宗鷹說：「連我自己都反彈了！」但他既然已經同意接下醫學系主任這個擔子，就要當救火隊，實務派的陳宗鷹開始構想如何將這個教學理想轉化為實際可行的教學方案。

他的兩大任務，一是要進行醫學系課程六年制的變革，另一方面隔年又要接受醫學系評鑑。首先面臨的困難就是如何安撫各科老師、教授們的情緒，更重要的是要讓教學者願意做出改變。畢竟七年制的醫學系授課方式已經實施了六十年，突然要進行大幅度的改變，一時之間，難免手足無措。因為是全新的學制，各校醫學系都是一面比拼一面摸索，無法去外校取經，只能靠自己。陳宗鷹不知與老師們馬拉松式的開了多少個會議，大家同心協力、絞盡腦汁想要創新，還得融合慈大的特色與優勢，走出一條屬於自己的全新道路。

所謂的新型模組課程，牽涉的不只是大學裡基礎醫學老師的課程設計，醫院臨床老師的課程也都受到影響。師長們不能再依照傳統生理、藥理、病理的順序上課，而是要打破原有邏輯，全部改成以「器官系統」為導向來授課，重新打造心臟血管系統、神經系統、呼吸系統、內分泌系統……等等共十幾個模組系統來做教學。

例如，心臟血管系統的生理、藥理、病理融合於幾週內完成。老師不但要改以系統模組為基礎重新設計課程，還要和其他老師或臨床教師（醫師）配合，縮減或增加自己的課程時數或內容。如何將十幾個模組課程重新設計與串連，不論是對學校的基礎醫學教師或醫院的臨床醫師老師，都是很大的考驗。

不填鴨　學整合

陳宗鷹與師長們討論過後，一致同意模組課程不只是新觀念，更是未來醫學教育的大趨勢。最主要是期待醫學生在學習基礎醫學課程後，可以在不同的系統上運用，而對於人體各系統的運作方式也能有更周全、更宏觀的觀察、思考與分析。陳宗鷹說：「過去我的學習歷程，是先學生理、病理和藥理這些不同領域的學科，到了五、六年級及進入臨床時，『我自己』要想辦法將所學做整合。現在模組課程，就是由老師從課程設計與授課內容做好整合，心臟血管系統即是將與心臟有關係的生理、藥理與病理全部集中在一起，再導入臨床應用的概念，讓學生自己能整體思考。」

陳宗鷹再做說明，「雖說是整合，但授課時，正常的生理仍然要排在最先授課，生理談完再談藥理、最後才談病理。如果課程安排順序不對，也會有問題，如果一開始就把病理排在最先授課，學生在毫無生理概念下，是會聽不懂的。」

基礎醫學概念就是一個模組，再到血液模組、神經模組、社區醫學模組、心血管模組、呼吸模組、腎臟模組，接著四年級下學期的胃腸模組、骨骼肌肉、內分泌腫瘤等等，最後必須再做整個系統的回顧。

PBL 問題導向學習　培養思考與解決能力

老師以模組來引導學生進入人體各系統神祕的脈絡之中，但學生如果只是照單全收，沒有好好梳理思考，將各個脈絡融會貫通，未來進入臨床面對病人時，仍無法實際運用。老師們剛開始也很擔心，在學生的生理、藥理、病理等基礎醫學尚未穩固下，就先都整合好給學生，會不會只是造成填鴨式學習，而達不到課程改革的目的。

為了讓學生能更清楚如何熟悉新的課程設計，加入了 PBL 問題導向學習

（Problem-based learning）的學習教案，主要是要讓學生能靠自己思考，導入臨床問題模式。

PBL以小組的討論模式、情境教學的方式，以及最常見的臨床症狀為主軸，讓學生學習在疾病演變過程中，如何應用所學的三理思考，判斷疾病進程對各器官與系統的影響。也就是說，期待醫學生在進入臨床學習之前就開始練習統整能力，養成提出問題、批判性思辨以及解決問題的能力。

PBL在近年的醫學教育一直是備受重視的顯學。陳宗鷹說，醫學系也曾經派送老師出國專門學習PBL的教學方式。老師們以教案讓學生運用三理知識，應用於臨床上的可能狀況，也等於是準備進入臨床實習前的模擬練習。例如心血管模組課程即將結束時，老師會設計一位罹患高血壓的病人情境，讓醫學生們討論從模組裡學習到的心臟生理、藥理和病理，要如何應用在這位病人身上，讓學生更瞭解心血管的三理及加深印象。

這段時期雖是醫學系新制六年制的開始，卻同時是醫學系七年制的最後一屆，師長必需時時在兩個學制之間切換不同的課程與教學方式，兩屆學生也有著不同的學習方式。責任感重又愛護學生的陳宗鷹，不免擔心醫學教育品質會不會下降，幾乎每星期都分別約七年制最後一屆和六年制第一屆的醫學生聚餐，瞭解實際學習狀況。他苦笑說，「那段時間真的不知道自掏腰包花了多少費用，與學生及老師們吃掉了多少個便當。」

重視學生建言　付諸行動

六年制第一屆的趙若辛曾擔任系學會會長，跟系主任有更多機會與時間的互動，他觀察在六、七年制的轉換時，當時有各種聲音，有些學生會提出比較尖銳，或是很直接沒有修飾的意見，身為系主任的陳宗鷹都很能接得住，對學生而言真的是一個「open minded」（心胸開放）的師長。

趙若辛說：「我們班是六年制第一屆，很多課程都是修改後的第一批，所以主任會來班上聽我們的意見，讓我們反應。主任給我的感覺，是什麼都可以跟他提，不用擔心跟他說了什麼話或什麼想法會被責怪，又或者擔心他會不會站在學生這邊。只要學生提了，他幾乎都會想辦法處理，或者去跟不同課程的老師開會討論，就算有些狀況他沒有辦法改變，他也會讓我們知道，我們看到他真的很認真把學生的意見放在心裡，然後真的有行動。」

陳宗鷹認為模組課程這個改變，牽涉到學校的基礎教學並延伸到醫院臨床教學，當然不可能一次改了就到位，和學生之間的磨合其實一直都在進行。

新學制的醫學生在大四的暑假，就可以先參加醫師執照的國考，輪到六年制第一屆的學生應考前夕，陳宗鷹與所有老師們都戰戰兢兢屏氣凝神，既緊張又擔心。結果六年制醫學生的國考通過率和七年制的學生不相上下，讓師長都大大的鬆了一口氣，這代表著慈大醫學系一貫的教學品質，維持住了！

沒料到的是，六年制開始之後，接下來幾屆國考的通過率節節上升，全臺第一階段國考通過率只有百分之六十，但慈大醫學系通過率都是八成以上。二〇一九年全臺平均及格率只有百分之四十五點七三，較往年降低許多，但慈濟醫學系該屆四年級通過率是百分之八十八點八九；直到二〇二二年全臺平均通過率依然維持在百分之六十左右，但慈大醫學系的通過率則衝破了百分之九十。

這些令人振奮的漂亮數字，最大的效益就是讓陳宗鷹有了底氣，確認慈濟醫學教育模組課程的變革方向是完全正確的，對醫學生的學習大有助益。但陳宗鷹不能因自滿而停下腳步，而是要帶領大家，再次迎向即將到來的 TMAC 評鑑。

2 活化整合系所委員會

TMAC在各評鑑項目下希望看到的，是老師展現教學的熱忱與專業，學生積極學習並兼具人文素養，以及整個行政團隊發揮功能，資源的多元輔助，皆在各醫學系理念的落實下相輔相成。陳宗鷹知道這些都是醫學系評鑑是否會通過的重點，也是他心中慈濟醫學系理想的運作與發展方向，要讓各方推展水到渠成，需要匯聚各方充足的準備與能力，他的首要之務，是先整合系所的委員會。

大學各系所都連結著許多委員會，譬如系務會議、教學暨課程規劃委員會、教師評審委員會、入學招生暨國際交流委員會以及陳宗鷹幫忙設立的PBL（問題導向學習）委員會等，面臨課程改制或者要配合高教新政策時，相關的委員會就會密集開會。

陳宗鷹擔任系主任之後，參與各種會議，他發現其實每位委員都各懷專長，只來開開會真是大才小用。他認為除了例行性會議之外，應該要活化各種委員會，發揮更大的功能。例如：入學招生暨國際交流委員會的委員其實都能命題、帶領與訓練考官；PBL 委員會的委員們其實都能獨當一面開設課程或工作坊，訓練其他老師加入 PBL 教學。

改變面試流程　跑站觀察評分

入學招生暨國際交流委員會又能多做些什麼呢？陳宗鷹反思，慈濟醫學系的理念是要招收認同行醫理念與慈濟精神的醫學生，而慈濟醫學系希望招募到的學生，還需要有：世界公民觀念、溝通與同理、批判思考能力、語文素養、醫學適性等各項能力。

於是，入學招生暨國際交流委員融合多次招生經驗之後，將醫學教育趨勢中的「多站迷你面試」（Multiple-Mini Interview 簡稱 MMI）用於醫學系招生上。MMI 是主觀式的評分，設計成由學生以跑站的方式接受面試，老師對學生的能力、依面向主題觀察來評分。

考官在面試前先進行共識會議，針對題目內容討論後，取得該站的評分共識，再進行考生面試。不過，在跑站前，當時的羅彥宇副系主任提出要讓考生有充裕的時間去思考與準備應答內容。醫學系師長們立即形成共識，認同行醫需要深思謹慎與願意成長的心態，醫學系面試的目的不是考核學生的臨場反應或進行機智問答，很多提問都沒有絕對正確的單一答案，而是希望考生能真的理解試題並反思。而考官在考核過程中，除了傾聽考生回答，亦會不斷提示考生，讓所有考生都能發揮各自的優勢，以此評核，期待招募到真正適合慈大醫學系的學生。

設計小團體導生制度

除此之外，陳宗鷹認為自己做得很不錯且有發揮功能的，是學生輔導委員會。醫學系一屆全班約五十位學生，大約每十到十二個學生就會有一位導師，醫五進入臨床之後，更是每三至五個醫學生就會有一個臨床導師，這也是陳宗鷹積極爭取的小團體帶領導師制度。

每學期期中考之後，他會召開學生輔導委員會，由教師代表、優良導師、心理諮商師以及臨床輔導老師等一起討論。除了學生課業問題之外，還有就學生的心理、生活及情感等問題提出交換意見，適時提供各種可能的協助。

陳宗鷹知道醫學生都很聰明，但也會出現很多因為太聰明而衍生的問題。有的會沉迷網路或是打電玩，但只要有老師適時輔導拉他們一把，將他們導回正軌，通常都能很快銜接上課業。

有些壓力大的學生，是重考了一、兩年非讀醫學系不可；有些是被家長逼著來就讀醫學系，導致偶而系上會出現邊讀邊抗拒的學生，有些學生跟家庭關係不好，甚至鬧翻。他發現很多時候，問題不是出在學生身上，而是出在家長身上，過大的期待反而造成學生心理產生很大的負擔，甚而引發身心失調。

醫學系的課業相當繁重，有時候學生某些科目被當，其實只要重修就好；但有些家長就會非常生氣的來質問學校，「為什麼我的孩子這麼優秀卻被當掉？」甚至質疑是學校教師對其孩子的評量不公平！

輔導學生　也須輔導家長

曾經有一位女學生，一直想要當心理師，但因為家庭的期待而讀醫學系，以至於內心非常糾葛，唸書唸得很不開心。後來經過輔導，讓這個孩子知道，雖然她想走心理師，但其實她的能力足以讀醫學系，若真的對心理相關學科有興趣，將來可以往精神醫學方面發展。條條大路通羅馬，不一定要執著於唯一一條路，這樣也能兼顧自己的興趣和父母的期待。最後這個女學生聽進了師長們的建議，重新找回讀書的動力，現在也積極的往精神醫學的方向努力。

陳宗鷹從很多地方觀察到醫學系的孩子，有著來自各方面的壓力，繁重的課業反倒是學生最有能力處理的部分。「其實，這個『學生輔導』委員會到最後，好像有時候還需要輔導家長」。陳宗鷹會讓家長知道，醫學系的課業本來就很繁重，有很多需要背誦與理解的部分；最重要的是，不一定每一個人生涯過程都很順利。醫學生涯很長，每個人的醫學生涯，都有各自的時程，有時孩子遇到困難，腳步慢一點或多繞幾個彎，不一定不好。

從各委員會功能活化開始，不論在招生方式、教學內容，或是學生輔導，陳宗鷹總是將學生的課業、生活和心理放在優先思考的位置，這不只是為了應付評鑑，更是他用以治理學系的理念。他的想法是：「我們最後教出來的學生，要面對的是人。所以，現在做的每一步，其實都是為了將來可以培育一個適才適所，在醫療團隊中、在醫治病人裡，都能發揮力量的良醫做準備。」

3 接住所有學生

八點多的晚餐過後，慈濟醫院的宿舍區已經很安靜。慈濟園區裡，醫院連著大學，大學又連著宿舍，步道連著步道四通八達。陳宗鷹和太太敏華陪著一位剛推甄入學進入醫學系就讀的女學生，在大學操場緩緩漫步，陳宗鷹和女學生走在一起聊著天，太太在身後陪著他們。

這個女孩在高中時成績優異，在校總排名數一數二，由繁星甄選上了慈濟醫學系。原是讓家人驕傲、自己也達成學醫心願的好事，但她在參加學測時沒有考好，比當年錄取慈濟醫學系個人申請甄試的成績少了幾級分，以至於她入學後，受到不清楚繁星入學篩選標準的某些家長和大學同仁質疑，系上開始產生流言，認為這個女孩程度不足以就讀慈大醫學系，可能會拖累其他同學和慈濟排名等等。後來流言愈傳愈廣，使得女孩自信大受打擊，開始懷疑自己，變得退縮。

最佳拍檔 為迷惘的孩子們點燈

當時看到這樣的情形，醫學系主任陳宗鷹也常常利用下班後的時間額外輔導她。他告訴這個女孩，她本來表現就很好，並不會因為人生中的一次失誤，而影響她的優秀和能力。在陳宗鷹不厭其煩的開導和陪伴下，女孩慢慢放下旁人對她的評價和眼光，重拾自信專注於學業上。

曾敏華把這一切都看在眼裡。她看到陳宗鷹一路輔導很多學生，連高分考進醫學系的學生，甚至都會有讀不下去的情況。但這位被很多人傳言不夠優秀的女孩，在學期間一次都沒被當過，表現比很多人更好更穩定，後來參加醫師國考，也是一次通過。曾敏華說：「如果遇到那些人，我一定要跟他們說這位女學生超優秀！」

遇到課業或學習有問題的孩子，陳宗鷹除了會自己關心，也會請導師、諮商心理師或學生輔導委員會的教師幫忙，而他的「最佳戰友」，就是病理科的許永祥主任。可能是因為兩人都一心一意為學生、為了病人和醫學教育，因此成為在大學校園裡互相扶持的好友。當陳宗鷹遇到輔導最棘手的孩子，常常就請許永祥醫師出馬幫忙一對一的輔導學生，許永祥總笑著說自己「誤交損友」，然後一一完成輔導每位醫學生的使命。

令人感嘆的是，這位在學生心中一直如明燈般的老師，於二〇二二年五月因罹患「癌王」——胰臟癌病逝。許永祥的名言：「只要有電燈就要用功讀書，只要有一口飯吃就要幫助別人。」迄今仍深深刻在每一位他教過的學生與摯友陳宗鷹的心中。

陳宗鷹對學生的事總是不遺餘力，也曾遇過想不開鬧輕生的學生，在半夜接到訊息之後，馬上跑出去找學生，把學生救下來。曾敏華說：「他小時候生活很苦，也曾經受過別人的幫助，現在就是覺得自己有能力，想要幫助其他的孩子。」

也因為這樣，陳宗鷹在擔任醫學系主任八年期間，總是想辦法「接住」各種學生的需求，他的手機中下載了臉書的私訊軟體（Messenger），裡面有每一屆醫學系學生的群組，從六年制到七年制，學生遇到的各種疑難雜症，都知道可以跟系主任反應，他都一定盡力想辦法幫忙。

4 陪伴醫學生走在行醫路上

第一屆六年制的醫學系，就因為陳宗鷹的支持，而有了許多創舉。二〇一六年，擔任系學會會長的趙若辛提了一個點子，她曾在三年級的時候自行去高雄榮總老年醫學科做過一個星期的見習，因為有這樣的經驗，趙若辛覺得學到很多，也可以在慈濟推動這樣的活動。

跟著醫師過一天　原來我要更努力

這個點子的起因是，她看到很多醫學生在一年級時都懷著將來要當醫師的熱血入學，很想進臨床，但因為中間四年在學校的基礎學科學習都離臨床很遠，所以熱情也慢慢的被消磨掉。她想要讓大家找回那種感覺，於是想先在自己班上推動醫學生到醫院的臨床體驗。

「當我把這個 Idea（想法）提供給主任之後，主任就是超級無敵、積極的幫忙。」趙若辛說，陳宗鷹主任首先告訴她可以怎麼做，然後在中間穿針引線，幫忙找願意帶醫學生臨床體驗的老師。陳宗鷹自己是麻醉科，他就身先士卒支持這些學生，先帶著這些學生瞭解麻醉醫師一天的生活。臨床體驗的規劃意思大約就是「單純觀摩臨床醫師的一天」。選定一個老師之後，學生便跟著這個老師一起做六次例行性工作，可能是查房、也可能是門診，或是開刀房執行手術，實際瞭解臨床醫師真實的生活和工作狀況。

這個「醫學生的臨床體驗計畫」首開先例後，做出好口碑，後面幾屆接著繼續做，沒想到，後來因為報名太踴躍，還需要先參加面試。

陳宗鷹回想當時醫學系學會會長趙若辛提出這個想法，問他可不可行時，他覺得：「這個點子很好，為什麼不行？」他知道國內外也有類似這樣的課程，包括國立大學也曾做過，還是必修學分。

陳宗鷹說，這就像「走在行醫路上」的一個課程，「我們不要必修，沒有學分，而是用系學會的活動來舉辦。醫學生若想額外參加學習，我就可以帶著你們做，因為自己的學習意願強，才會得到收穫。」陳宗鷹認為，可以讓同學在一、二年級的時候，自己先調查，想要在醫院觀摩哪一些科別，他幫忙去找願意帶的醫師。這些孩子就是跟在老師身邊，不用學習專業、也不算實習學分，而是讓醫學生更主動去瞭解醫師這職業是什麼？包括醫生的作息、醫生的工作及醫師在醫院周遭的人事地物等。

「學生剛考上醫學系，有一個憧憬可能是認為骨科醫師很風光，就讓你來跟著一位骨科醫師一整天，才發現骨科醫師很累！」學生也曾回饋：「原來開刀房的護理師很兇，站不對的位置也會被罵的！」陳宗鷹藉此機會教育「醫院本來就是很複雜的環境，他為什麼會罵你，就是怕病人出問題，尤其是開刀房裡面無菌概念很重要！」

通常醫學生經過了第一輪臨床體驗的巡禮，回到校園後很多人的感想都是：「我覺得我要更認真唸書，醫師好像必須了解很多的事情！」、「學長姊真的對病人都很好！」

陳宗鷹說，這就是身教。「臺灣少數幾個醫學系有帶學生做這樣的體驗，但我覺得效果都沒有慈大好，有一些國立大學用必修的方式，但我們的學生是自願的。因為報名太踴躍，我跟他們說寒暑假也可以去我們自己體系的醫院。」陳宗鷹也把這些經驗轉化為醫學教育學生體驗的論文，並帶著學生趙若辛等到新加坡的亞太醫學教育年會發表，還獲得最佳論文海報的獎項。

提昇研究風氣　鼓勵提早參與

而提早讓醫學系的學生參與研究和學習撰寫論文，也是陳宗鷹努力的一項創舉。陳宗鷹身兼慈濟醫療法人的「醫學教育研究發展小組」主席，統合花蓮、臺中、大林四家慈濟醫院的教學發展和資源，他也不吝提供學生更多資源，做了許多教學的創新。

其中之一就是他與趙若辛同學共同在臉書設立了一個「醫學生研究平臺」，提供各種研究的資訊。鼓勵學生大一進入醫學系之後，一邊上課，一邊同時學習如何做研究。為了鼓勵有研究專長的醫師加入，只要醫師願意帶著醫學生一起做研究、寫論文，在醫療法人郭漢崇副執行長支持下，醫療法人學術發展室審核通過後，就會提供醫師一筆不小的研究經費。陳宗鷹則積極的推廣，希望研究風氣可以向下延伸，提早培育人才。陳宗鷹表示，雖然現在有醫學生參與發表的論文不多，但正在起步中，只要平臺在，慢慢就會蔚為風氣，也就能鼓勵更多的醫學生投入研究。

讓學生可以多方發展和探索、開拓他們的視野，陳宗鷹也會在自己熟悉的麻醉領域上幫忙。每年的麻醉醫學年會，通常都在各醫學中心舉辦，只有麻醉專科醫師與住院醫師可以參加。陳宗鷹覺得年會通常都是邀請大師級的人物來演講，或介紹麻醉醫學新知，如果要讓更多年輕人瞭解麻醉，願意選擇麻醉，就應該開放讓醫學生也能來聆聽演講並瞭解麻醉年會，雖然他們沒有繳費，不能領取紀念品和午餐，但提供機會讓醫學生來聽課應該也不為過。

在他的建議下，有一次在成功大學舉辦的麻醉醫學年會，就有將近二十幾位慈濟醫學系的學生報名去聽課，中午休息時間，陳宗鷹就帶著他們出去用餐。他多替學生爭取，意外的也讓很多學生最後在麻醉領域培養出興趣。在他擔任系主任的這段期間，有非常多醫學生後來選擇走麻醉這條路。從慈濟醫學系創校後，一直到他擔任醫學系主任，總共培育出超過一百位的麻醉科主治醫師。一些調皮的學生，更私底下封他為「麻醉系主任」。

2014 年，陳宗鷹帶領學生參與在臺北舉行的「西太平洋地區醫學教育協會年會」。

2017 年於成功大學舉辦的麻醉醫學年會，在陳宗鷹的鼓勵下，有近二十位慈濟醫學系的學生報名參與，午休時間陳宗鷹請學生們吃飯、合影。

5 最高等級通過法

教育是吃力不討好的工作，尤其是醫學教育，需耗費極大的成本，但沒辦法立即看到成果，難免遇到不盡如人意或不受支持的時候。儘管陳宗鷹的個性就是穩健踏實，走在教學的路上一直很歡喜、不覺得累，但偶而也會感到寂寞。長年維持寫日記、雜記習慣的他，某一年的中秋節，看著天上的明月也有所感觸。明月相照，省視自己的人生，讓他常掛心頭的，還是慈濟大學醫學系的評鑑；他用情最深的，還是醫學系這群孩子。

「二〇一七年九月二十七日

中秋節快樂！

最近不知是老了、累了、還是節日氛圍，讓我感傷文多了點？

雖然自己的國文程度沒有很好，但中秋節有許多的古文詩詞，還是令人欣賞，常能道出遊子的心聲或是對親人、朋友的思念！也提醒每一個人：珍惜親情、愛情、友情及許許多多的緣份！

蘇軾的《水調歌頭》

（丙辰中秋，歡飲達旦。大醉，作此篇，兼懷子由。）

「明月幾時有？把酒問青天。不知天上宮闕，今夕是何年。

我欲乘風歸去，又恐瓊樓玉宇，高處不勝寒。

起舞弄清影，何似在人間？

轉朱閣，低綺戶，照無眠。

不應有恨，何事長向別時圓？

人有悲歡離合，月有陰晴圓缺，此事古難全。

但願人長久，千里共嬋娟。」

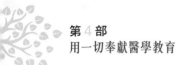

其實自己是哪裡人，似乎已沒那麼分辨清楚的鄉情。從小到國中在彰化田中長大，高中一直到大學、甚至當兵則在臺北；而接下來的成長養成，則在臺南；在美國一年半，到現在已在花蓮十三年。

有時候會想：下一個十年會在哪兒？

想想用情最深、讓我付出最多心力與時間的竟是「慈濟醫學系」。雖然沒有就讀這個系，但這個系的點點滴滴，卻構成我的生活所有的情境與回憶，系上大小事務常縈繞在心，醫學生的種種問題、悲傷喜樂、貼心卡片或芝麻小事等等，也占住了我的所有心思！

維持與帶領教學行政團隊好難！隨時有人會想下車或上車，負責駕駛的人則是必須沉著、忍耐，必須負責所有乘客的安全，也需盡可能的收集資源，讓列車有能源繼續開下去。

心中也非常清楚，天下無不散的筵席。即使是駕駛也需換人，以避免疲勞駕車。相信列車還是會持續往前開，也期望列車會帶領每位乘客到他（她）想去的地方！

中秋節雖然一早就下大雨，但也逐漸轉晴了。還是衷心祈願慈濟醫學系順利通過 TMAC 評鑑！」

默默耕耘孕育能量　慈濟的好終被看見

慈濟醫學院在東部非常克難的成立，多仰賴當年許多醫師、老師的無條件支持，但就算勉力的經營，許多客觀條件仍是無法與西部的大學院校相比。二○○三年，由於 TMAC 評鑑慈濟醫學系為「待觀察」，之後每兩年審查一次，二○○五年、二○○七年都是待追蹤，二○○九年有條件通過，到二○一○年追蹤通過。

陳宗鷹在二○一二年接下系主任，依據審查委員給予的各項意見，經過不斷調整與改善，在二○一七年醫學系改制後的全面評鑑，總共五個章節的評分，慈濟醫學系獲得最高通過標準的成績，即是五個章節大部分都達符合標準，通過最長效期六年，期中三年以書面回覆追蹤審查，到二○二三年再接受全面訪視評鑑。

評鑑委員給予的意見，一改早期的諸多缺點與對慈濟的誤解，改而肯定慈濟大學醫學系從一九九四年成立以來，為臺灣培育了無數的良醫。雖然地處東部，招募教師與醫師較為不易，但在董事會、校長、醫學院院長、醫學系主任及全體師長努力耕耘之下，評鑑委員從師生訪談及查核過程中，看到了許多位對教學充滿熱誠而默默奉獻的臨床教師，以及許多貼心服務的慈濟志工，特別是慈誠懿德爸媽對學生們的關懷、無語良師的大體奉獻，這些都是社會對慈濟醫療志業體正面的肯定，也是慈濟大學醫學系的絕佳特色。

能讓評鑑委員看到慈濟多年的努力而給予肯定，陳宗鷹終於放下心中的大石。評鑑結束那天，他如釋重負踏進辦公室，許多醫院和醫學系的同仁、學生給了他一個大驚喜，原來當天剛好是他的生日，同仁們祕密幫他籌備了慶生會，太太和當時正在慈濟醫學系就讀的小兒子也出席了，大家一邊恭喜「做到流汗」的主任，終於成功讓醫學系評鑑高分通過；一邊也歡慶他五十五歲的生日，陳宗鷹忍著淚水，卻忍不住的哽咽了，這真是最最滿足欣慰的生日啊！

6 生命中的不定時炸彈

陳宗鷹順利完成任務，但開心只能一時，接下來仍有很多待辦事項需要一一完成。他仍是兢兢業業的騎著腳踏車，在醫院和大學之間穿梭，在辦公室和教室之間，他和時間都沒有停歇的繼續向前。

二〇一九年的十一月十二日醫師節，陳宗鷹獲得花蓮縣醫師公會頒發醫療奉獻獎，成為首位以對醫學教學的貢獻而獲得這項殊榮的醫師。

十二月，他接受慈濟大學的遴選，獲選為醫學院院長並接到聘書。感覺正是一切都往更好的方向前進之時，十二月二十四日陳宗鷹依約前往大林慈濟醫院做醫學系教學內部訪查，上午太太曾敏華還騎機車從嘉義娘家載他去坐火車。沒想到，中午就接到小兒子打電話告知他：「媽媽在外婆家昏倒，不省人事。」他想曾敏華並沒有全身性系統的疾病，當下他心中閃過一個念頭：「會不會是腦血管動脈瘤破裂？」

慈濟大家庭關懷　陪妻子度過生命難關

太太被她的二姊緊急送到嘉義市聖馬爾定醫院急診室，而大林慈院同仁也迅速幫忙安排交通，讓陳宗鷹趕往醫院。當他趕到醫院急診室時，太太已經清醒，看到他的第一句話卻是：「你是誰？」陳宗鷹既震驚又難過，他強忍著傷心與擔心，積極跟醫療團隊討論，初步電腦斷層的檢查結果，果然是他猜測的腦血管動脈瘤破裂。

聖馬爾定醫院神經外科郭博學醫師，認出陳宗鷹即是他在成大醫院時教他麻醉的老師，叫聲老師後，更是盡心安排。原本希望盡早處理那顆破裂的血管瘤，當晚就請影像醫學科主任做栓塞治療，但栓塞過程因儀器的關係，一直無法找到血管破裂之處，只好先轉加護病房，做保守治療並密切觀察。

當時證嚴上人正行腳至臺南慈濟分會，當天晚上德悅師父、林碧玉副總與黃春娥師姊趕到醫院探視。大林慈院賴寧生院長與其他志工也來探視，並建議陳宗鷹與大林慈院的副院長、專長神經外科的陳金城醫師討論。透過大林慈院教學部陳弘美主任轉交影像給陳副院長判讀後，告知大林慈院可以治療，陳宗鷹再找原主治醫師郭博學討論後，決定轉送大林慈濟醫院。

大林慈院隔天亦安排曾敏華接受栓塞治療，但發現腦部已有腫脹現象，雖有找到腦血管瘤破裂出口，但口徑相對變小，不易放置做栓塞的白金線圈，因此再次回加護病房接受保守療法，控制血壓並密集觀察，待十天後急性期過後，再做血管栓塞。一月十三日，等待的煎熬終於撐過去，敏華再次接受栓塞治療。

這次大林慈院賴院長與陳副院長特別邀請曾在花蓮慈院任職的影像醫學專家嚴寶勝醫師來院幫忙執行。過程中雖有一次出血，但經控制後終於順利將線圈放入腦血管瘤中，完成栓塞。曾敏華在加護病房中不多久便順利甦醒，生命徵象亦穩定。

看到太太病況終於穩定，當晚陳宗鷹便先趕回嘉義太太的娘家，陪伴正在準備重考大學的大兒子，也安定孩子的心。沒料到清晨四點半，陳宗鷹的手機鈴聲響起，卻傳來壞消息：「老師，師母發生意識喪失，經緊急電腦斷層檢查，發現是腦水腫且有壓迫的現象，造成腦壓過高，需緊急做腦部減壓與引流手術。」在夜深人靜的房間裡，陳宗鷹卻在心中吶喊著：「怎麼會這樣？！」但口中只能回應同意，趕快做手術，並馬上趕往大林慈院。當天早上，由大林慈院神經外科的陳金城副院長，為曾敏華開顱，進行腦部減壓與引流手術。

自己就是醫師，專業又是神經麻醉，每一個醫療處置或併發症他都清清楚楚。但看到在病床上，頭髮被剃光了、嘴巴還插著氣管內管，且顯得奄奄一息的妻子，陳宗鷹內心卻是格外不安與心疼。

向菩薩發願 一生牽手一起走

大林慈院的加護病房外，有一尊很大的觀音像，陳宗鷹知道太太與觀世音菩薩特別有緣。他總是早晚去向觀世音菩薩祈求，願意用一切來換取親愛太太的健康和平安。平時在醫療過程討論時，或是面對前來關心探視的主管或友人，他只能力保鎮定冷靜以對。而此時，只有一個人的時候，在外頭不敢流的眼淚，也只能對著菩薩傾瀉了……

「二〇二〇年一月四日

霧茫茫的大林！

清晨被電話聲叫醒，匆忙趕到大林慈濟，簽手術同意書，放置EVD（註1）到回加護病房（8：30），一顆心懸吊在空中！

心中唸著無數次「大慈大悲南無觀世音菩薩，請求菩薩為敏華祝福！」（華華最信觀世音菩薩，觀世音菩薩會保祐妳的！）

10：00 霧散了，太陽普照大地，等待華華的清醒！

11：00 仍在等著妳清醒！

13：30 等待妳的醒來！

14：30 我願意用我的一切換妳醒來、恢復健康！南無觀世音菩薩！

15：30 請教昇宗醫師，一般應該一、兩天就會比較醒，如果星期一還沒有可以做brain MRI，接下來大約需要2~3週的恢復時間，至少兩週在SICU。

16：38 仍等待妳的醒來！

南無觀世音菩薩！

18：30 妳明天就要醒來跟我講話哦！

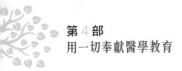

南無觀世音菩薩！」

註1　EVD（external ventricular drain），腦室外引流手術。

「二〇二〇年一月五日

08：10 殷殷期盼妳趕快醒來，要加油喔！

南無觀世音菩薩！

11：30 聽范文林主任說徐文國去看妳，妳眼睛就張開了。

14：15 進去看妳，叫妳一聲，有看到妳眼皮動了一下。但可能是太累，妳仍睡著。希望晚些，能跟妳講到話！

南無觀世音菩薩！」

「二〇二〇年一月六日

心中一直祈禱觀世音菩薩，讓妳今天更進步！

南無觀世音菩薩！

08：00妳終於打開眼睛並回應我，請妳握著我的手，也可以。但看到妳眼角的淚水，我好心疼！但加油，我們會一起渡過這難關的！

南無觀世音菩薩！

09：30陳金城副院長提到後續處置及照顧。聽完心中只有更堅強，需要三到六個月的照顧！一輩子照顧，我都願意！

南無觀世音菩薩！」

陳宗鷹在陪病的過程中，清楚知道腦血管破裂的病人，在這段時間不會記得任何過程，所以他一邊寫日記留下文字記錄，希望等太太康復後，讓她瞭解整個醫療過程。

陳宗鷹一點一滴梳理自己的心情，心想老婆在自己還很窮很苦的時候就接受自己，不論後來決定要出國或做改變，她也都全力支持。這幾年一直忙於工作，沒有好好的陪伴老婆，家庭都仰賴太太照顧。岳父岳母年事已高，太太常常要奔波花蓮和嘉義之間照顧家人，太太也替兩個孩子的學業和生活操心，照顧他們起居，想必都默默承受著一定的壓力。

陳宗鷹心裡升起無限的愧疚，心想自己在慈濟這幾年，一心一意都在醫院和學生身上。當妻子病倒了，才發現自己忽略了家人，甚至心想太太痊癒之後，自己不要當醫學院院長了，他願意用一切來換取妻子的健康，往後餘生好好陪伴妻子就可以了。

後悔的心情纏繞著陳宗鷹，他向醫療志業林俊龍執行長和教育志業王本榮執行長，提出請辭的想法，一方面也是因為他覺得自己短期內無法回校及回院上班，應該先請辭，避免耽誤公務。王執行長要他先以照顧家人為主，加上正值新冠肺炎疫情期間，大部分的工作都可以線上辦公的方式取代，希望陳宗鷹可以先穩住。林執行長甚至將他在大林慈院的辦公室讓給陳宗鷹使用，只希望他安心照顧太太，並藉由網路處理緊急的公文就好。而這段期間，上人剛好也行腳到大林慈院，每次上人都跟陳宗鷹說：「你的心一定要安、一定要定，你家師姊也才會安心。」陳宗鷹非常感恩上人的慈示，讓他的心能逐漸安定了下來。

陳宗鷹就一邊在醫院照顧妻子、一邊辦公，太太的病況起起伏伏，緩慢的進步，最後幸運的在經過二十一天加護病房的照顧後，隔年的一月十七日終於恢復到可以長程移動，辦理轉院，準備回花蓮慈濟醫院做後續治療。陳宗鷹非常感恩花蓮慈院林欣榮院長專程派一輛救護車，護理部葉秀真副主任主動擔任隨車護理師，從花蓮到大林，再從大林轉送曾敏華回花蓮。

經過十個小時，回到花蓮慈院急診室時，許多同事都到場迎接，熱心幫忙讓曾敏華順利住進病房。林欣榮院長與主治醫師蔡昇宗帶著神經外科團隊，一手安排治療與復健等等，曾敏華順利逐步的恢復，而全家人也在醫院度過不同經驗的農曆新年。

此時的陳宗鷹，從一位醫師和老師，嘗試著回歸成為一個丈夫和一家之主，帶著太太去醫院做復健，幫太太去她熟悉的菜市場，問問菜攤，太太平常都買什麼？也去百貨公司專櫃，請櫃姐幫忙，買齊太太習慣使用的保養品，有時間也帶著太太回到靜思精舍走走。

那段期間，陳宗鷹腦中常常響起歌手蘇芮的《牽手》（詞曲：李子恆），那是他很喜歡的一首歌，更是非常契合當時的心情，也是他內心的告白。

「因為愛著你的愛，因為夢著你的夢。
所以悲傷著你的悲傷，幸福著你的幸福。
……
也許有了伴的路，今生還要更忙碌。
所以牽了手的手，來生還要一起走……」

或許自己要照顧太太一輩子，他也願意！也或許因為曾敏華之前就是慈濟環保志工，熱愛在回收站拆卸各種機器，手部非常靈巧，所以有助復原，加上醫師診治得當，陳宗鷹循序漸進的帶領，她恢復得非常快、非常好，半年後幾乎已經跟發病前沒有兩樣。

考驗接二連三 重整步伐再出發

就在一切慢慢恢復的時候，陳宗鷹正在慈濟醫學系就讀的小兒子，竟又被診斷出罹患甲狀腺癌症。家人健康一連出狀況，對他是一再的考驗，還好孩子的狀況發現得早，即時接受全甲狀腺切除手術的治療，雖然心中又是一番的難過與擔心，所幸術後也恢復良好，只要按時補充甲狀腺素（T3）與定期追蹤，才讓他勉強鬆了一口氣。

「二〇二一年二月十五日

回顧二〇二〇年，是我的家庭承受改變很大的一年！或許跟許多的家庭也承受COVID-19所帶來的改變一樣！我的家人承受的是健康的代價！從不預期的腦血管瘤破裂、搶救、手術到一步一步的復健與重回家庭常軌，好不容易有點回到原本生活。九月卻又給我另一個家人需接受癌症手術及碘131放射治療，即使因此免役，代價還是高，幸運的是預後非常好！

然而一年多來，卻讓我內心一直省思：我已用人生中的黃金十二年，投注在教學與醫學系，卻忽略了家人的健康。一直有從現在起要彌補我的家人的心態，走走停停！是否該轉進另一個模式的生活呢？」

醫學畢字第01號

醫學系主管畢業證書

醫學系 陳宗鷹 教授 在本校醫學系

101年8月至109年7月任職系主任期間，

表現卓越，准予畢業。

2019 年，陳宗鷹卸下系主任，升任醫學院院長時，醫學生們俏皮地爲他設計專屬的「畢業證書」。

與他共事多年，有著革命情感的花蓮慈院教學部行政主任梁淑媛則開導他，「雖然太太和孩子都接連生病，但在過程中獲得這麼多人的幫助，最後也都順利恢復健康，這何嘗不是一種福報呢？」陳宗鷹認同這些想法，以平靜堅忍的毅力撐過難關，關關難過關關過。他的確還是沒辦法放棄他努力帶起來的醫學系和學生們，很快的回到工作崗位，重新分配比重，當然不能辜負妻子、孩子對他的支持，必須兼顧家庭和醫學教育。

而擔任醫學院長之後，除了醫學系，要關心的範圍更廣大了。護理學系、公共衛生學系、醫學檢驗、生命科學等共九個學系、十二個研究所的未來，都等著整合與發展。

7 專心致志下一個十年

陳宗鷹仔細思考過自己的定位和方向，也規劃了醫學院未來的走向。而醫學院的願景，就是發展具有慈濟人文特色的醫學教育，成為卓越教學、創新研發的良醫良才培育典範醫學院。「拿到麻醉教授資格已經十五年了，我下定決心，既然要接系主任、醫學院院長，就把醫學教育當作另外一個專科領域，重新接受訓練；就像當年我從住院醫師、主治醫師不斷讓自己更專精、也更宏博。所以我打算至少要以十年的時間來學習醫學教育，我要變成另外一個醫學教育的教授。」陳宗鷹說：「雖然臺灣目前沒有這樣的專科，但教學是完全不同領域的專業知識，醫學教育就是一個專科，所以我才會成立一個醫學教育發展小組來帶領，如同發展一個醫療專科，成立五大項目，包含推動國際交流，啟動醫學教育研究計畫，進行人才培育，創新教學和教材教案。」

陳宗鷹也重新思考「稱職醫生」的含義，醫學系畢業以後，到底要具備什麼能力？目前醫學教育的要求在六大核心能力，還有八十項技能。身為老師，必須要對未來的學生多做一些什麼？除了這些，將新興科技融入教學之中成為一大助力，並將新興科技與既有的特色教學結合，提供醫學教育雙乘甚至三乘的助力，也成為重要的任務。

回顧過往行醫歷程，早期在麻醉部他曾經收集了許多回顧資料，對於術後病人的照顧和反應也進行了許多品管調查，可惜的是，這些資料只產出了一篇「病人術後跌倒的可能性分析」，就沒有其他相關論文的產出。陳宗鷹有感於若當時能將這些珍貴的資料好好應用，應該可以產出很多篇麻醉品管論文做發表，包括病人術後嘔吐症狀的改善、術後疼痛控制等等，這些都是在臨床上能夠直接改善麻醉品質、或幫助到病人的依據，卻因為臨床工作忙碌而沒有繼續做分析研究，白白浪費了這些珍貴的統計資料，相當可惜。

為此，他積極推動「教學研究化」，鼓勵教學型主治醫師將教學創新與本科專長，結合「教學研究化」的精神，將教學過程與學生的成果寫成論文發表。醫學教育發展小組成立五年來，陸續推動了數十件醫學教育的研究計畫，發表了近二十篇論文。

讓學術界重新定義慈濟人文影響力

醫學教育的一個重要研究領域是「人文」。陳宗鷹認為，證嚴法師推動的慈濟，一直以來默默推行著人文理念與精神的落實，可是過去未曾轉化為學術理論基礎供外界可以檢視、參考、學習甚至認同。若要轉換為學術理論基礎，必須要有人去做「敘事醫學」的研究，需要花時間進行訪談、探討人性，才會有質性的資料產出，才有可能分析並寫成論文發表。

二〇二一年，有一篇與醫療人文有關的〈慈誠懿德爸媽在學生輔導的角色探討〉，登上《國際醫學教育期刊》（*BMC Medical Education*），這是花蓮慈院陳宗鷹與朱紹盈醫師帶著醫學生曾鼎鈞一起進行的敘事醫學研究。

陳宗鷹說，其實慈濟的醫學教育，在過去已經走出自己的特色與脈絡，只是一直沒有人拿來作為研究題材。「譬如慈誠懿德爸媽、導師和心理諮商師的『三軌制度』

只有慈濟體系才有，可是外界會質疑，你們做這個三軌輔導的成果在哪裡？學術論點在哪裡？」陳宗鷹笑說：「對呀！我們做了這麼久，一直習以為常！過去真的沒有想到這個也可以做研究的題材，並發表論文！」這次對慈誠懿德爸媽在角色的探討，得到的結果顯示，對醫學生而言，慈誠懿德不只有生活輔導，還有人文跟道德的影響力。「我們可以很明確的告訴他人，除了身教、生活輔導以外，懿德爸媽也在人文跟道德上面有一定的角色存在。因為他們都是上人的弟子，是實際從志工體系中推選出來，具有人文典範的代表，學生跟他們相處，自然有潛移默化的意義存在。」

二〇二二年另一篇論文〈解剖學課程融入與捐贈者家屬互動對醫學生的影響〉，是藉由學生寫給大體老師的一封信，來分析其內在情感以及對醫學生的影響力，這也是慈濟醫學系進行大體解剖教學的儀式，並與家屬互動十多年後，首篇關於無語良師的質性研究，刊登在醫學教育雜誌上，而且是獲得國際醫學教育領域期刊排名第一的《學術醫學》（*Academic medicine*）期刊的刊登。

在二〇二三年國際醫學教育年會上，慈濟大學發表了三篇口頭論文摘要報告以及五篇海報論文摘要發表。陳宗鷹除了鼓勵老師多提研究計畫、創新教學、參加醫學教育增能工作坊，也鼓勵醫學生多參加醫學教育日和國際研討會以及實證醫學、情境擬真的競賽，一步步走來，成果豐碩。

落實永續發展指標　深化人文理念實踐

陳宗鷹致力於做院校的橋梁，希望能整合資源共享共好，他計畫在醫學院逐步成立八大研究中心，以達成作為全球特色醫學院研究中心的目標。他深知現在許多研究必須貼近臨床的主題，更需要醫院和大學一起合作，目前已經成立大數據中心，接下來計畫成立素食研究中心、高齡醫學研究中心，癌症醫學研究中心以及中草藥研究中心等等。

這些中心主要研究的方向都是當今醫療的高需求項目，例如頭頸部癌症、老人醫學、失智症、茹素後的身體健康變化、心血管相關的心臟衰竭生物標記與治療標的開發、精準醫學（包含幹細胞及再生醫學）、中醫藥暨中西醫整合、以及COVID-19之後，未來可能還會有其他疾病出現的新興傳染病研究。

英國《泰晤士報》高等教育列出「2022世界大學影響力排名」，在一千一百零一所評比大學中，慈濟大學在「SDG3良好健康與社會福利」這一項名列世界排行第十二名。這是根據聯合國所列的十七項永續發展指標所進行的排名，而其中「SDG3良好健康與福祉」的部分與醫學院息息相關。陳宗鷹也透過醫學院與醫院的合和互協、共同整合來爭取最好的成績，排名也因此急速上升。慈大醫學院的永續發展指標的「SDG3良好健康與社會福利」、「SDG4良質教育」、「SDG10減少國內及國家間不平等」和「SDG17促進目標實現的夥伴關係」等四大項，持續在各系所間推動與落實。

一直以來，慈濟醫學教育以人文特色見長，並以醫療支援或結合慈善，以擴大影響力，致力於實踐永續發展指標中的「SDG10減少國內及國家間不平等」和「SDG17促進目標實現的夥伴關係」。學校和醫院有無語良師（大體老師）、良語良師（標準化病人），並有非常多人文服務的機會，包括慈善和義診，有老師帶領關懷弱勢兒童的「海厝服務隊」、或是醫學系自行發起關懷部落孩童的「看見晴天醫療服務隊」，還有因為二〇一三年海燕風災，由醫學院固定到菲律賓義診的「人醫菲揚」

已連續進行六年，卻因為新冠肺炎疫情而中斷，無法出國服務。

類似這種具醫療服務性質的活動，直到二〇二〇年四月，慈大醫學院才改為從東部開始做起，這是繼新冠肺炎疫情之後再次出隊，學生們取名為「人醫飛揚」，希望醫學院的學生可以持續跟著義診團隊學習，並跟著志工、醫師、護理師一起家訪，以服務學習的方式走出教室。這也成為二〇二二年醫學教育研究計畫之一〈偏鄉義診：從教室到田野之醫學生人文實踐課程〉，結合東區慈濟人醫會，到田野親身接觸實際的病患，與整個跨領域醫療團隊共事，讓醫學生體認到不同族群、社經地位文化價值等差異，並藉義診的參與，增進實習醫學生自信心，更希望透過醫師的身教、組織風氣，吸引更多具人文素養的醫師加入團隊。

新設關鍵系所　為全人醫療持續努力

在美國，私立大學因各自發展而各有特色，有些私校的排名更是數一數二；但因為國情不同，臺灣的社會風氣普遍認為國立學校比較好。臺灣的國立大學各種軟硬設施、資源各方面都有政府的補助，確實評價較高，但陳宗鷹認為私立大學也不用氣餒，還是可以發揮自己的長處來找資源、建立特色。

對於醫學院的發展，陳宗鷹認為，慈濟的教育本來就是以「全人醫療」、「全人教育」為主，所以醫學院不管是哪一個系所，在慈濟體系之下的人文概念，都是系所的核心。

考量東部的護理資源長久以來都是相對吃緊的狀況，為東部培育護理人才亦是當務之急。加上疫情期間，雖然有護理人員出走，但也一定會有其他對護理有熱忱的人才想加入。慈大護理系「出品」在護理界已是有口皆碑，護理師國考的全國平均及格率為百分之五十五點八八，慈大護理系的及格率則高達百分之九十八點七八。慈大醫學院於二〇二三年度申請增設「學士後護理系」，並獲得教育部同意於二〇二四年開始招生，讓一般大學畢業、對醫療有興趣的年輕人，都可以多一個獲得護理專業的管道和職涯發展的選擇。

而原本在醫學系內雖有藥理學科，卻無法培育藥師，再加上因為東部有些村鎮仍無藥師，因此極需培育東部的藥師人才，爭取申設藥學系，一直是列為醫學院的第一要務。經過積極爭取多年的藥學系，終於獲得教育部認可，即將在二〇二四年設立，並以招收東部學子與經濟不利的子弟為主要對象。

而一直備受期待希望能在東部設立的牙醫學系，陳宗鷹表示目前也在積極爭取申設中，並以二〇二四年新設口腔醫學暨材料研究所，先做師資的培育，希望可以持續申請，提升東部牙醫照顧品質及解決無牙醫村的問題，讓醫學院可以有更完整的醫療相關系所和發展。而原本辦學極獲好評的學士後中醫學系，已於二〇二三年增設碩士班。

陳宗鷹是出了名的「會找資源之人」，其中也有為了獎勵優秀學生而由社會賢達在醫學院設立的各種獎學金，包括最佳戰友許永祥主任生前就自掏腰包設立慈濟病理獎學金。他過世後，原本遺孀卓麗貞老師願意代為繼續捐贈，讓獎學金延續下去，陳宗鷹則建議由慈大畢業的孩子們，自動自發去處理更有意義。最後，由許主任教導過的慈大醫學系校友們，共同發起認養這筆獎學金的活動，總共募得超過兩百萬元，並改名為「許永祥教授獎學金」。

除了善於找資源之外，陳宗鷹自從擔任醫學系主任開始，八年來，每年都默默的捐款五至十五萬元給醫學系作為發展基金。陳宗鷹認為醫院要以病人為中心來思考，而醫學院的目標是培育人才，所以學校要「以學生為中心來思考」。

他以學生為主軸，搭配「教師、環境、鈞長、醫學院行政資源」四大支持要素，帶領醫學院在醫療照護、教育和研究創新上獲得成績。教師透過團隊合作發揮影響力和產能；環境則必須友善，整合工作、學習和生活進而走入社區；鈞長則是代表支持的力量，提供資源並協助解決方案；而醫學院的行政資源，則要以追求卓越的最高標準來做事，並盡量提供資源給教師與學生。

一直以來，陳宗鷹都認為自己不是一個喜歡特別突出、特別出風頭的人，而是喜歡當一個可以在團體裡提供支持能力的人。他的細心和嚴謹，會展現在對行政和管理的品質要求上，加上他非常有耐心，總是不厭其煩去溝通，哪裡有需求就去疏通或提供協助，不會一意孤行，而是保有「彈性」，所以最終大都可以達到目標。

陳宗鷹回想起參加新加坡舉辦的醫學教育領導工作坊上，帶領老師分享所謂的領導者，有「導師」（mentor）、「教練」（coach）和「支持者」（supporter）三種不同的特質。他覺得自己的個性中都含有部分這些特質。他以自己體會的經驗，認為的確要有導師、教練和支持者的想法，才能把醫學系和醫學院經營好。導師傾向個人支持和領導，教練偏重技術和團隊經營，支持者則是要給予及捨得付出資源。他在帶領學生時，導師和教練的特質需要發揮出來，而在帶領老師時，扮演支持者的角色就很重要，要捨得給資源，成就他人。

8 成為開枝散葉的大樹

「因為上人先創辦醫院，醫療需要人才，於是辦教育，因此成立醫學院。」陳宗鷹說，早期東部缺乏醫院，證嚴法師克服萬難籌辦佛教慈濟綜合醫院之後，苦於醫療人才難覓，陸續創立慈濟護專和慈濟醫學院，逐步升格為慈濟科技大學與慈濟大學，希望為東部培育醫事人員。

而陳宗鷹認為自己擔任醫學院院長的最大目的，就是要為慈濟醫療志業培育人才，「最終目標，當然希望慈大培養出來的人才，可以留下來。」二十七年來，慈大醫學系畢業生留在東部的比例大約維持在四分之一左右，目前已經有七十位以上，不但具有教職，亦成為醫院的中流砥柱，雖然他們大部份都不是在地的東部人，是從西部來慈大就讀，但已經習慣東部生活，畢業後，就繼續留在花蓮服務，成家立業，最後定居在此。而為了同仁的子女教育問題，慈濟繼續興辦幼兒園、小學，到國、高中，一應俱全。

支持與鼓勵 讓學生各自領會

雖然如此，但對於想出去闖一闖的孩子們，陳宗鷹也表示理解與支持。他認為既然是醫學教育，就不可能只侷限在一地，陳宗鷹反問，「這樣是不是對慈濟的人才培育有不好的影響？其實，我認為不會。有時候孩子們出去闖一闖，比較之後，反而突顯出我們好的地方，當然也會看到我們可以成長之處。」陳宗鷹一點都不擔心慈濟出去的孩子會忘本，「你不可能把五十個孩子通通留在身邊，他們去外面比較之後，就會產生自己的想法。你讓這些孩子在學校接觸到慈濟人文，未來，他們也會帶著慈濟人文理念到各地開枝散葉。」陳宗鷹認為，師長要接受學生們不同的想法，並給予支持與鼓勵，因為這也是為整個臺灣培育醫療人才。

曾擔任系學會長，並受陳宗鷹大力栽培的慈大醫學系校友趙若辛就說，「畢業後選擇到高雄榮民總醫院，接受住院醫師訓練，一方面家在高雄，一方面想體驗一下慈濟之外的世界。」當她告知老師自己有這樣的想法時，只感覺老師很尊重自己的選擇，完全沒有感受到壓力，「老師只稍微唸了一下：『欸！你可是我帶在身邊帶出來的耶！』」趙若辛說，陳宗鷹就像自己在慈濟的爸爸一樣，而且他不古板，雖然對慈濟的理念有很高的認同，而且自己全心投入落實，但他不強迫學生們都要全部接受。「當學生們有自己的想法，老師也覺得很好，並會讓同學們知道，不一定要全盤接受老師或是這個環境給你的東西，可以自己消化吸收之後，再有自己的想法。」

而家不在花蓮，卻決定留在花蓮慈院耳鼻喉科當住院醫師的林宜臻則說：「有些老師會認為留在慈濟就很好了，而主任不想硬把大家綁住，他認為到外面看看，多開拓一些視野，反而知道外面世界的優缺點，生涯規劃才是更完整。」林宜臻說：「我覺得真的有去外面比較過，會想留下來的人，就是真心想要留下來，其實不用太沒自信，覺得學生會逃走。」林宜臻也建議學弟妹先瞭解想要學習的領域再決定，「每一家醫院做的事情，都非常不一樣。像自己是選擇耳鼻喉科，我覺得臺北很多耳鼻喉科和外科偏向醫美，教我們怎麼收取自費項目、經營門診和賺錢。花蓮的耳鼻喉科很不錯，偏重於癌症的治療，有很多『大刀』可以開，是我想要學習的方向。」

不同職涯經驗各自精彩

醫學系大一下學期，陳宗鷹開了一堂必修課叫做「醫學生涯」。除了自己上課，他也找了不同領域的醫師來幫醫學生上課，分享不同視角和路徑的行醫生涯。其中有「典範醫師」——譬如深具人文情懷的臺北慈院趙有誠院長、專心照顧頸椎退化病友的斗六慈院簡瑞騰院長、處理醫病關係的高手並獲得醫療奉獻獎的李毅醫師、走過坎坷求學路的百大名醫大林慈院陳金城副院長等。

除了這些大人物，他另外也邀請慈大畢業的校友們回來，和學弟妹分享在不同領域的所見所聞：包括到海外求學，目前在波士頓哈佛麻省總醫院行醫的謝安妮醫師（Annie L. Hsieh）；也有回到家鄉，為了族人而進行「把醫療送上阿里山」計畫的安欣瑜醫師；為了完成中研院轉譯學程博士班，而每個星期花蓮臺北來回奔波，花了三十多萬元車資的楊秋芬醫師；以及自行開業的郭乃瑜醫師等等。請這些學長姊分享不同的職涯經驗，其實除了讓學弟妹知道學醫有各種不同的選擇，同時也讓剛進入醫學系的孩子知道，不論做任何選擇，都有需要付出的代價和堅持，也會有完全不一樣的人生體驗，結出不同的果實。

「在帶學生的時候，曾想過是否可以在幾年後，看出之前在他們身上教導過的能力和影響力？其實，我不知道。」陳宗鷹認為，有許多校友或許沒有留在慈濟體系之內服務，但當這些校友在各個不同領域發揮時，他會覺得其實就是帶著從慈濟學到的精神和珍貴資產去各地「開枝散葉」，就是一種影響力，甚至他們的成就還可以庇蔭、引領學弟妹們。

「我覺得我們帶給他們的學習過程，還是有實際的影響！」陳宗鷹略表欣慰的說，「像安心瑜醫師，就是有一天偶然在電視上看到有醫師到阿里山進行醫療的報導，才發現她是我們的校友。像這樣的孩子，我就會突然覺得，我看到慈濟人文對她的影響了！她過去在我們這裡就學，也是我們帶過的孩子，她其實可以好好的在醫院上班就好，現在卻願意花這麼多心力，照顧自己的部落。」

鼓勵孩子出去闖一闖，當然，也歡迎新的孩子進來認識、加入慈濟這個大家庭。陳宗鷹說，現在各醫療體系也已經走向更多元、更開放的時代，包括臺灣大學、高雄醫學大學等，以前獨厚栽培自家人才的醫院，如今都廣開大門，希望招募更多元的菁英加入團隊。

而花蓮慈濟醫院也在三年前決定，若其他醫學系的學生願意來瞭解慈濟，慈濟也敞開大門歡迎。包括若有義診活動，現在會開放幾個名額給外校醫學生，通常都是馬上爆滿的狀態。

每年花蓮慈院都會開放外校醫學系報名花蓮之旅，行程內容則是帶著這群外校學生認識慈院環境、醫院的科研和醫療，以及與學長姊的交流，並會到靜思精舍瞭解慈濟的理念發源。有一些孩子出去闖，自然也會有一些孩子想進來，慈濟醫院有二十六位住院醫師的容額，其中有十位左右都是外校新加入的新鮮人。

儘管希望自家人能留在家裡，但陳宗鷹對於醫學生的去留，還是持開放的態度。對於慈大的孩子，永遠是張開雙手歡迎，但他也希望自己培養的醫師，如果有其他想法，不要勉為其難的留下來，「有時出去闖一闖，才會知道自己到底適合什麼，在任何時候想回慈濟體系，我們都是非常歡迎的！」陳宗鷹笑著說。

9 疫情改變醫療生態 人工智慧AI崛起

二〇一九年底的新冠肺炎（Covid-19）徹底改變了世界，持續了近三年的疫情，也翻轉了許多生活型態和習慣。包括醫療的模式，而醫學教育也受到巨大的影響！

醫學院內許多計畫、願景、理想，都受到新冠疫情的巨大影響，除了海內外的慈善、義診和醫學會議都被迫暫停，第一線臨床工作更是困難重重，為了防止疫情擴大，人力採取分艙或分流方式排班，造成人力資源的巨大缺口。醫院為了防疫，也暫停許多臨床教學活動，導致醫學院與醫學系的課程受到巨大影響。面對排山倒海、席捲全世界的疫情，全臺灣的醫學院院校會議決議，醫學系的課程不能減少，畢竟將來醫學生畢業後，要面對的是真實的疫情與活生生的病人，該有的訓練絕對不能停下來，無法使用視訊取代，醫學生必須親身到醫院實習的課程，如何提供完整的防護措施，讓醫學生能繼續實習，成了全球醫學教育界的議題。為了化解家長的擔憂，陳宗鷹以醫學院院長的身分，邀醫學系主任陳新源醫師聯名寫一封信給家長，承諾會幫助學生做最完整的防護，請家長安心。

因為疫情的關係，工作變成居家上班，上課方式也從面對面變成視訊上課。但是視訊上課，若要教學生如何診斷病情和評估病人的狀況，還是會有實際的落差，而且視訊設備不夠用的時候，就必須想出其他的辦法來彌補。

病毒造成的改變

「最重要的是我們既然選擇醫療這個行業，今天已經必須面對一個戰爭，可是我們是戰士，我們沒有理由逃避戰場。」陳宗鷹看到國外的醫療，包括義大利、美國，因為太缺醫師了，很多都是七年級或者直接畢業就進入醫療現場。「我們當時全國的醫學院校院長跟系主任的共識決定是，我們不能這樣犧牲我們未來的戰士，這些學生不能不進入醫院實習，但要把他們保護好。新冠肺炎雖然影響到醫學教育，但是基礎學科、臨床技能、臨床醫學還是要完整的帶給學生，不能因為疫情而偏廢。」

COVID-19疫情期間，醫護人員不但常常要在高風險的環境下工作，有時還會遭受異樣眼光。有些護理師連出外購物都會被懷疑是否身上沾染病毒，危及社區引發群聚感染。

嚴峻的疫情讓工作吃重，加上不被接納的感受，致使許多護理人員出走。疫情初期，沒有疫苗，未知的病毒危及生命安全，職場危險性增高，造成全臺護理系面臨招生不足的窘況，但同時，全球社會對醫療的需求卻與日俱增，一些醫院也發展出與護校簽約建教合作的方案，避免護理人員不足的危機發生。

護理系則因為學生人數眾多，經教育部同意臨床實習時數，可以有百分之三十的比例用在校的課程取代。因此為了補足學生的臨床能力，除了可以用模擬教具或是師生之間互相演練，老師們更絞盡腦汁想盡各種替代方式。陳宗鷹說，有一位護理系老師吳婉如，在疫情間利用電腦的技術，成立「虛擬護理病房」，讓學生可以在線上彷彿真的在照顧病人一樣，讓他相當驚豔，老師們真的是臥虎藏龍，被激發出無限的潛力。

疫情過程中改變了許多事，也不盡然完全不好，譬如以前參加國際醫學會議，必須得到現場，得要出國，到了研討會場，總是整場一、兩百個位置坐滿參與。疫情之後，因應各種需求，現在可以選擇要參加現場或線上課程，選擇更多元，雖然線上課程無法參加部分實作工作坊，還是可以參與喜歡的課程，報名費以及省下的交通費和住宿等費用都更加經濟，時間的運用也更彈性。包括醫學院的學生，以前必須要在花蓮慈濟大學做實驗，疫情之後，也可以在台中慈院跟著老師學習做實驗；護理系研究所在職專班，也先在大林上課，有需要再回到校本部上課。過去很多認為不可行的事，打破原有思考模式和做事方法後，反而更能回歸到教育和學習的本質。

「疫情改變的是我們的教學方法跟教學方式。做這些改變的時候，我們都是在思考，現在用線上上課，得到的結果是什麼？就像護理老師發明的虛擬病房很厲害，可是最後護理系的學生，到底有沒有學到老師真正要教的？接受線上課程訓練跟實際進入臨床，照顧病人能力有沒有落差？而後疫情時代，臨床帶新人會不會特別辛苦？」不論是遠距教學或面對面傳授，陳宗鷹認為最重要的還是要回歸醫學教育的初心、本質。可以遠距教學，也可以面對面的教學，但不論用任何方法，最後的成效（outcome）亦即學生的能力，應該力求一致。

善用AI 不被AI取代

新冠疫情讓AI（人工智慧）崛起，AI對醫學教育的影響，會到達什麼程度？學生會問：未來自己是否會被AI取代？陳宗鷹告訴學生，「AI取代不了你，可是會使用AI的人，將取代不會使用AI的人。」

科技愈來愈發達是一種趨勢，既然沒有辦法排斥，就要學會善用。「以前有人不用手機，但現在幾乎沒有人使用家用電話，反而家用電話慢慢的被淘汰了。」學校花了很多經費，購入論文電子資料庫，苦口婆心的跟醫學生說電子資料庫才有最新的論文，Google（谷歌）都是兩年以上的資料，可是學生還是習慣先使用Google查詢。這樣的經驗讓他發現，可近性是比較重要的。陳宗鷹不排斥學生使用AI寫論文或寫作業，但是「一定要學生自己重新審視過，變成自己的東西。如果出問題，是自己要負責，不是AI負責。」「因為當病歷寫完出問題，是你要去上法庭，不是AI要去上法庭。」

陳宗鷹回想以前自己要執行置入中央靜脈導管、要放置動脈導管，必須不斷練習熟悉技巧。「我要透過我的觸覺去熟悉，還有我要感覺到一個很小的『啵』一聲的手感，才知道我打對了。我需要學解剖的特徵，知道要在胸鎖乳突肌的某個定點把針正確打下去才是靜脈。」陳宗鷹笑說：「現在學生會告訴我，老師不需要，只要用超音波掃一掃，我就看得到靜脈在哪裡。」

「超音波會變成你們的第二個聽診器！」以前聽診器就是醫師的隨身配備，不久的將來，除了醫院裡功能齊全的較大型超音波，醫學生幾乎將都人手一臺小型的超音波放在口袋，平常拿來做學習的輔助。

陳宗鷹認為，可能不久後，醫師們的口袋裡面，也都會有一臺簡易超音波。「以前我要用聽診器聽聽病人的呼吸聲，可是現在超音波太發達了，影像愈來愈清晰，只要影像可以看得到，就可以做很多的評估。」如同AI的觀念，在身體檢查時，超音波會變成另外一個重要的工具。陳宗鷹甚至認為，超音波極有可能會像聽診器一樣，成為醫師必備的隨身工具。

所以現在的醫學生，如果要執行置入中央靜脈導管，並不太去找標記在哪裡，而是要學會在該身體區域使用超音波，接著就是訓練自己的技術。「一樣的道理，我不會使用超音波，我只會這些技術，所以未來我會被取代。會超音波的人，會取代不會用超音波的人。」陳宗鷹說。

目前慈濟醫學院內包括醫學系、護理系、醫技相關學系共六個系都已經提出要上超音波課程，醫學院必須與時俱進，因此需整合此課程，讓醫療相關科系的學生都能學習科技帶來的應用，所以幾位主管就一起規畫超音波教室，讓大家都可以來使用，共享資源。

在新興科技的趨勢潮流之下，以前醫學系的PBL問題導向課程，每一組討論時將想法寫在白板上，但現在已經都使用互動式電子白板，可以直接傳輸到電腦投影出來，檔案和修改都可以儲存；藥師也開始在虛擬實境裡面模擬配藥；後中醫系也以VR的教材練習辨別穴位和針灸。既然無法排斥，就要學會善用，於是整個醫學教育界又有新的想法在定義AI，就是「如何應用AI去規範AI的使用？」鼓勵孩子們用，可是要規範該如何正確的使用。

「大體模擬手術教學」數位化 遺澤永留

慈濟大學的無語良師，一直是醫學教育獨一無二與難以超越的特色。在醫療專業的精進學習之中，無語良師的身教更包含奉獻、無私、感恩、尊重與愛的人文傳達。過去二十幾年來，無數大體老師奉獻給醫學教育，不論是解剖課程或模擬手術教學，所留下的各種資料，都對醫療有著難以抹滅的貢獻。

因為資料龐大，藉著新興科技的計畫，醫學院由醫學系第一屆校友也是醫學系副主任的張恩庭醫師帶領團隊啟動「身教傳承計畫——大體老師數位人文資料庫」，逐步將大體老師的個人行誼、故事，家屬與醫學生的互動，以及無語良師身上透過解剖或模擬，所留下的生理、病理和相關資料建檔。除此之外，目前更進一步要為有意願捐贈大體的「未來無語良師」建置各種影像，如電腦斷層所留存老師健康時的全身生理影像，或是老師因為疾病所做的影像及病理檢查，還有捐贈大體後的模擬手術過程影片都會全部留存；在人文紀錄方面，大體老師生平或訪談，身故後醫學生進行家訪與家屬訪談的記錄等等，經過大體老師與其家人的同意後，都將全部留存並集結歸檔，成為珍貴的大體教學數位資料庫。

陳宗鷹認為，這將是非常了不起的成就，而且只有慈濟可以做到。不但為無私奉獻的無語良師們留下完整的記錄，這些影像、病歷和病理資料、手術過程，都將成為大數據資料庫，並與科技結合，大幅提昇教學效能。例如將來若有病人要接受肝臟移植，主治醫師即可以調出模擬手術中換肝的過程，以AR（擴增實境）或VR（虛擬實境）或MR（混合實境）的方式預先做練習。若要做肝臟的研究，也可以透過資料庫中的大數據，找到各種相關資料，做更詳細的探討分析，這等於是累積敘事醫學與全人醫療的資料庫，讓使用者更快速的瞭解無語良師的無私奉獻。讓醫病之間的過去、現在和未來，都因為科技而有了更完整的連結。

除了為大體老師建立資料庫，新興科技的教學計劃也跟臨床做結合，讓醫學生或年輕醫師可以利用3D模擬方式有更多練習。骨科醫師葉光庭與醫材公司合作研發所做的「以病患為中心的骨盆安全重建之路：使用3D模擬輔助手術復位固定」，將病人破碎的骨盆，以3D的方式，先虛擬重建，並建置多點觸控解剖軟體平臺。在開刀房時，可以先用虛擬的型式套用在實體手術部位，先在MR的方式於虛擬的情境下，規劃手術方式或模擬開刀。當拿下眼鏡，即可以在實體上開刀。除了重建骨盆，二〇二三年也接著開始進行脊椎的模擬手術模式建置，這項以病人為中心的重建之路設計，更獲得二〇二一年國家新創獎之「臨床新創獎」肯定。

10 回歸以人為本的初心

科技的浪潮一波一波的襲來，醫學教育更是要走在浪頭，不但要跟著做，還要做到與眾不同。陳宗鷹不斷思考，還需要為學生做些什麼？什麼才是學生真的需要的？二〇一九年世界醫學教育的趨勢已經闡明，醫學教育者應該要教學生如何去區別知識和訊息，如何使用AI，但歷久不變的，是「醫病關係」。

「科技的東西是很炫沒有錯，但不是把教學都變成花俏的東西而已，我們要把握做這些的目的是什麼？」陳宗鷹想，有沒有科技無法取代的部分？當拉高視野，會看到這就像是一個時代的趨勢變化一樣，不論如何變，還是要回到原本的初心，回歸教育原本的目的。

如今各種假訊息橫流，要怎麼讓學生辨別真偽？哪些是真的、哪些是假的？現在教育趨勢如此多元，未來醫學系有可能不再固定要讀滿六年，「以學生能力為導向」可依據學生的能力縮短或延長修業年限；「可信賴專業活動」（Entrustable Professional Activities, EPAs）則是當學生達到足夠的勝任能力，就能夠被信任而放心獨立執行的醫療行為。但不論是教學方法或是新興科技，陳宗鷹浸淫醫學教育多年，他有自己的體會：「我們曾經被 PBL 誤導過，以為只有 PBL 才是正統的教學方法。其實並不完全錯，而是要更開放一點，PBL 很好，但只是其中一個教學方法。」

「這也一直讓我們在想，到底要怎麼去塑造未來的學生？」陳宗鷹思索著醫學教育的價值和使命。「因為疫情，很多東西在變，但很多東西是不會變的。通常方法改變，但實質內容不變。例如教學技巧和教學方法會因為疫情而改變，但我們對教育的使命，要培養良醫的目的，這都是不會改變的。」

科技無法取代的事

以大體模擬手術為例，雖然利用 AR、VR 或 MR 很炫，但真的可以全部取代實體的手術嗎？醫學院的大體解剖實驗，有真實的大體老師，從家訪、解剖到為大體老師進行縫合、入殮、送靈、追思會等人文儀式，讓醫學生可以感受到面對的是「人」，這才是醫學院育才的重點。從慈大畢業的醫師，在經歷多年的歷練之後，回頭去看求學生涯，大體解剖或模擬手術，無疑對他們都有很大的影響。

六年制第一屆的畢業校友趙若辛，認為慈濟帶給她最大的影響力，就是「對人的重視」。她說，大體解剖時，她在過程中真的就是完完全全的感受「人」這件事情，同時也感受到學校很認真的希望學生可以好好記得這位老師，身為一個人，學會認識、尊重一個人的感覺。七年制最後一屆的林宜臻也分享，當去家訪或是認識老師的生平，之後再到解剖臺上，便會連結到老師原本也是活生生的一個人，而自己也才瞭解這樣的恩惠是怎麼來的。當儀式最後的送靈，陪著老師們最後一段路，林宜臻覺得，其實這樣上課，自己沒有額外付出過什麼，最後只能付出這一段時間，來表達內心的感激跟虔誠。

「如果今天捨去真的對人的情感與重視，利用科技來進行，或許對醫學生來說，可能就是把『人體』當成一個『物件』或『教材』。」陳宗鷹看過國外的一些例子、還有國內一些醫學院校，因為沒有足夠的大體老師而以科技來取代，目前也都遭遇這樣的問題，而必須另外以義診或其他服務方式，來補足人文的學習。「但我們擁有這樣的資源，我們不能捨本逐末就不要了！」重要的是，或許將來有科技的輔助還會發展出更新穎的應用方式，「但我還是希望他們能懂得感恩，要知道這些資源還是都來自於大體老師和他們的家屬，他們願意捐獻出自己的身體，家屬捨得願意成全，我們才有辦法有這人文與專業兼具的課程，也才能逐步建立這些數位人文資料庫！」

陳宗鷹不排斥科技，希望加入科技，但沒有要取代原有的東西，因為「我們原本有的東西就很好！」醫療最重要的初心，就是「以人為本」，全人照顧的初心與人文素養，才是慈濟醫學教育的重中之重。徐達雄教授曾在與新進醫師的座談中提及：「看各位的心，能不能看見病人的痛苦，能不能幫病人解決痛苦。」而一路走來，陳宗鷹覺得科技再厲害也不能取代的，只有一個字，就是「情」。

11 善的循環　真心不變

二〇二三年四月二十一日，對陳宗鷹來說是一個大日子。相隔近四十五年之後，他以傑出校友的身分回到他的母校彰化縣田中國中（現為田中高中），他和國中、高中及大學一路都是同學的謝進國醫師，共同為認養的靜思閱讀書軒舉行揭幕儀式。這一天，陳宗鷹的母親、太太和哥哥、妹妹都盛裝出席，他們全家七個兄弟姊妹都是田中國中的畢業生。

認養靜思書軒　成為母親的驕傲

陳宗鷹高齡九十歲的母親，平常行動不便，不常出門，當天自己拄著拐杖上下樓梯、在校園裡四處走動，精神相當好，神情愉悅、笑臉盈盈。感受到媽媽的驕傲和欣慰，讓陳宗鷹覺得自己做對了一件事。以老學長的身分，提供學弟妹一個閱讀人文空間，在有能力時為地方略盡棉薄之力，更讓媽媽家人感到光榮，看到老母親以自己為榮，是他最大的開心滿足。

回想自己的成長過程，從一個在市場、工廠和果園裡長大的孩子，憑藉讀書和受教育，成長路上更受到了他人的善意幫忙，如今可以成為一位醫師和老師，都是因為教育而翻轉了命運。他相信，只要給孩子們良好的教育環境，他們就有改變命運的機會，從而翻轉人生。就如同自己的經歷一般，陳宗鷹在教「醫學生涯」這堂課時，曾跟學生分享，自己從來沒有想過，一個在學校成績中等的學生，最後會變成醫學院院長，還能培養這麼多的醫學生。

如今，他除了將全副心力放在醫學教育上，行有餘力，更不忘認養有如一座小小圖書館的「靜思閱讀書軒」，讓這些國中學弟妹多一個讀書和人文薰陶的空間。

「我從大一開始受到他人的幫忙，當時當然不知道上人所說——『教育是翻轉貧窮希望的所在』，只知道窮苦人家的孩子可以讀書，就多一個機會。」於是，從大學七年級擔任實習醫師有生活津貼（薪水）收入開始，他就參加家扶中心的兒童「助學認養」，從認養一個開始，到婚後和太太一起總共認養了四位孩子，至今已經超過三十年依然沒有間斷，他說，「一個人一個月一千元，金額不多，但希望他們可以獲得翻轉的機會。」如今好幾位當年被認養的孩子，已經都大學畢業了。

陳宗鷹在美國進修時，發現社區圖書館都是開放型，鼓勵社區孩子自由免費的使用。孩子在美國讀小學時，因為校方鼓勵閱讀，也養成愛讀書的好習慣。「閱讀可以改變孩子，只要有機會閱讀，窮苦人家的孩子也能改變。」他相信閱讀和教育是相輔相成的力量，更是為孩子的未來帶來光明和風景的一扇窗。

看著眼前田中國高中的孩子們，他想起過往那個爬上荔枝樹的自己、打棒球的自己、幫父親種鳳梨然後一起坐公車回家的自己；還有在臺北植物園彩霞滿天時，回望建中紅樓的自己；到快樂兒童中心去服務的自己。田中的這群孩子，將來都可能擁有自己無法預料或估量的人生。能讓年輕學子在更好的學習環境讀書、涵育人文素養、找到自己未來的方向，是他這個醫學教育者心中長存的理想，而慈濟大學就是能讓他實現理想的豐沃園地。

有「情」志業　步步踏實

近三十年來，以醫學院創校的慈濟大學一直是臺灣東部唯一培育醫療人才的大學院所。陳宗鷹謹記證嚴法師的開示，教育，是讓學生依靠，不是只有知識的灌輸，而是讓學生在慈濟的教育裡增長智慧。法師期許真心的教育，一定要做到「老師心、父母心、菩薩心」三心合一。老師心，就是盡本分，老師是一個神聖的工作，志願要當老師就是要教好別人的子弟。更要有父母心，把人人的孩子，當成自己的孩子一樣。還要有菩薩心，菩薩除了愛以外，還要有智慧，有方法，而智慧與愛合併起來，叫做覺有情，唯有真情才能感動孩子，讓孩子產生感恩心。有真誠的教育，有真誠的人，就有感恩心，而感恩心不是用說的，感恩是有情的，拉長情才能擴大愛，「三心合一」正是教育人心的不二法門。

陳宗鷹擔任醫學院院長的最大目標，就是希望讓學術跟臨床、醫學院和醫療結合，最後回歸到證嚴上人當時創建醫學院的初心，為東部培育醫療人才。當然，慈濟對醫療的貢獻已不只侷限在東部，而是可以為臺灣培育更多願意「守護生命、守護健康、守護愛」的良醫、良護等醫療人才。

教育要用「情」，有情甘願。陳宗鷹的有情、務實，讓他在東部落腳。他從年輕得志的麻醉教授，轉而走上醫學教育之路。他步步踏實認真做事，雖然在把事情做好的過程，有些艱辛、偶而寂寞，但很歡喜，因為他知道自己堅持在做對的事，更是裨益社會的事。

當年那位樸實單純的田中少年雖已屆灰髮蒼蒼的年紀，一顆真心卻依然熾熱，他會繼續朝著醫學教育的理想，展翅鷹揚，翱翔在大山大海的東臺灣。

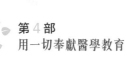

Caring 104

麻醉醫師的多重宇宙：從行醫到育醫，陳宗鷹教授的醫者人生

陳宗鷹一主述　吳宛霖一撰文

出版者一心靈工坊文化事業股份有限公司
發行人一王浩威　總編輯一徐嘉俊
執行協力主編一曾慶方、楊金燕
責任編輯一黃心宜　校對一林韻華
內文設計、排版一陳俐君　書封、書名頁攝影一謝自富
校對一慈濟醫療財團法人人文傳播室

通訊地址一10684 臺北市大安區信義路四段 53 巷 8 號 2 樓
郵政劃撥一19546215　戶名一心靈工坊文化事業股份有限公司
電話一(02) 2702-9186　傳真一(02) 2702-9286
Email一service@psygarden.com.tw　網址一www.psygarden.com.tw

慈濟人文出版社
地址一106 臺北市忠孝東路三段 217 巷 7 弄 19 號 1 樓
電話一(02) 28989888　傳真一(02) 28989889
網址一http://www.jingsi.org

製版・印刷一中茂分色製版印刷股份有限公司
總經銷一大和書報圖書股份有限公司
電話一(02) 8990-2588　傳真一(02) 2290-1658
通訊地址一248 新北市新莊區五工五路 2 號（五股工業區）
初版一刷一2023 年 12 月　ISBN一978-986-357-349-4　定價一450 元

國家圖書館出版品預行編目資料

麻醉醫師的多重宇宙：從行醫到育醫，陳宗鷹教授的醫者人生 / 陳宗鷹主述；吳宛霖撰文 . -- 初版 . -- 臺北市：心靈工坊文化事業股份有限公司，2023.12
288 面；14.8×21 公分
ISBN 978-986-357-349-4（平裝）

1.CST: 陳宗鷹 2.CST: 麻醉 3.CST: 醫師 4.CST: 傳記

783.3886　　112020733